# 高校英语教育模式创新研究

刘嫣 著

全国百佳图书出版单位
吉林出版集团股份有限公司

图书在版编目（CIP）数据

高校英语教育模式创新研究／刘嫣著．--长春：吉林出版集团股份有限公司，2023.6

ISBN 978-7-5731-3896-5

Ⅰ．①高… Ⅱ．①刘… Ⅲ．①英语－教学模式－研究－高等学校 Ⅳ．①H319.3

中国国家版本馆 CIP 数据核字（2023）第 132105 号

## 高校英语教育模式创新研究

GAOXIAO YINGYU JIAOYU MOSHI CHUANGXIN YANJIU

| 作　　者： | 刘　嫣 |
|---|---|
| 责任编辑： | 沈丽娟 |
| 技术编辑： | 王会莲 |
| 封面设计： | 豫燕川 |
| 开　　本： | 787mm×1092mm　1/16 |
| 字　　数： | 185 千字 |
| 印　　张： | 9.75 |
| 版　　次： | 2024 年 1 月第 1 版 |
| 印　　次： | 2024 年 1 月第 1 次印刷 |
| 出　　版： | 吉林出版集团股份有限公司 |
| 发　　行： | 吉林出版集团外语教育有限公司 |
| 地　　址： | 长春福祉大路 5788 号龙腾国际大厦 B 座 7 层 |
| 电　　话： | 总编办：0431－81629929 |
| 印　　刷： | 北京银祥印刷有限公司 |

ISBN 978-7-5731-3896-5　　　　定价：57.00 元

版权所有　侵权必究

# 前 言

英语教学是丰富学生英语语言知识、提高学生英语技能水平、增强学生英语综合应用能力以及培养学生跨文化交际能力的主要渠道，同时英语教学也是向社会输出英语人才的主要通道。所以，英语教学对于学生的发展以及社会的发展都发挥着至关重要的作用。由于高校英语教学承担着培养语言基本功扎实、跨文化技能娴熟、国际视野宽广、专业基础宽厚的国际化人才的使命，科学、完善的高校英语教育模式就成为实现这一目标的保障。针对教育部所启动的高校英语新一轮教学改革的要求，结合目前英语教学现状和已有资源，高校应积极探索建设科学、综合、立体、有机的新型英语教育模式，以更好地推动学生的发展，满足社会的需求。

随着社会经济的大跨越、科学技术的快速发展，社会对所需人才提出了更高的要求。基于这种大环境，高校英语教学仍以语言基础知识为主要内容，实施一种通用英语教学模式，就难以满足社会发展的需求。为此，本书从高校英语教育模式创新的角度出发，分别对高校英语教学的基本理论，高校英语教学模式的改革与发展，高校英语慕课教学模式的创新，高校英语网络教学模式的创新，现代翻转课堂在高校英语教学中的应用，高校英语线上、线下混合教学模式创新，以及信息技术与英语课程的融合与创新进行分析，并针对性地提出合理性建议，以期提升高校英语教育教学工作质量，推进高校英语教育教学工作的开展，为全方位培养高质量人才提供新思路。

在本书的撰写过程中，参考和借鉴了部分学者和专家的研究成果，在此向其作者表示诚挚的谢意。由于知识水平有限，加上时间仓促，书中难免有疏漏与不妥之处，敬请广大读者批评指正。

# 目 录

## 第一章 高校英语教学的基本理论 ········· 1
- 第一节 高校英语教学的影响因素与理论依据 ········· 1
- 第二节 高校英语教学的原则与方法 ········· 9
- 第三节 体验性与自主性教学理念下的高校英语教学 ········· 15

## 第二章 高校英语教学模式的改革与发展 ········· 21
- 第一节 高校英语教学模式的改革 ········· 21
- 第二节 高校英语教学模式的发展 ········· 24

## 第三章 高校英语慕课教学模式的创新 ········· 29
- 第一节 慕课教育的内涵 ········· 29
- 第二节 慕课教育的结构 ········· 34
- 第三节 慕课教育的发展趋势 ········· 41
- 第四节 慕课教学模式的优势及影响 ········· 46
- 第五节 慕课教学模式的创新举措 ········· 52

## 第四章 高校英语网络教学模式的创新 ········· 57
- 第一节 高校英语网络教学的构成要素 ········· 57
- 第二节 网络环境下高校英语教师教学模式与方法创新 ········· 64
- 第三节 网络环境下高校学生英语学习模式的创新 ········· 76

## 第五章 现代翻转课堂在高校英语教学中的应用 ········· 85
- 第一节 翻转课堂在高校英语教学中的应用及影响 ········· 85
- 第二节 翻转课堂对学生学习能力的培养 ········· 88
- 第三节 翻转课堂在高效英语教学中的创新路径 ········· 98

## 第六章 高校英语线上、线下混合教学模式创新 ········· 101
- 第一节 高校英语线上、线下混合教学模式的目标与理念 ········· 101
- 第二节 高校英语线上、线下混合教学模式的类型 ········· 107
- 第三节 高校英语线上、线下混合教学模式的主要内容 ········· 109
- 第四节 高校英语线上、线下混合教学模式的基本要求 ········· 113
- 第五节 高校英语线上、线下混合教学模式创新路径 ········· 116

# 第七章 信息技术与英语课程的融合与创新 ……… 121
## 第一节 信息技术与英语教学深度融合的内涵 ……… 121
## 第二节 信息技术与英语教学融合的探索实践 ……… 125
## 第三节 信息技术与英语教学融合的问题与策略 ……… 138
## 第四节 信息技术下高校英语教学模式的创新 ……… 141

# 参考文献 ……… 147

# 第一章 高校英语教学的基本理论

高校英语教学是我国高等教育的一个重要组成部分，它是以外语教学理论为指导，以英语语言知识与技能、跨文化交际和学习策略为主要内容，集多种教学模式和教学手段为一体的教学体系。本章主要围绕高校英语教学的发展、高校英语教学的原则与方法、高校英语教学关系及其自主性展开论述。

## 第一节 高校英语教学的影响因素与理论依据

### 一、高校英语教学的影响因素

高校英语教学中的影响因素较多，其中较为主要的有教师因素、学生因素和教学因素。

#### （一）教师因素

教师是高校英语教学的重要因素，在英语教学中起到主导作用。在英语课堂上，教师主要充当两种角色，即掌控者和引导者。作为一名合格的英语教师，应该具有纯正的英语发音，但并非所有的英语教师都具有纯正的英语发音，对此，教师可借助广播以及多媒体等手段弥补不足，确保学生在课堂上所听到的发音是纯正的。同时，教师在讲解单词、句子、课文时，应该穿插解释，对学生难懂的词语要重复讲解。

在多数英语课堂上，教师讲话占据课堂大部分时间，虽然教师的讲话符合学生的学习习惯，但不能因此减少学生的练习时间。教师还要注意不断变化教学形式，以增强课堂的趣味性。一名合格的英语教师还应具有一定的应变能力，能够预测课堂活动中可能出现的状况，可以很好地处理课堂上的突发事件，确保课堂活动的有序开展。教师应该随时调整提问方式、注意语言运用，以及提供反馈方式。在英语课堂中，提问是教师常见的一种教学手段。通过提问，可以有效激发学生的学习兴趣，促使学生积极思考，帮助教师对某些知识结构进行引导，其中语言运用十分重要。为了让学生充分理解教师所讲述的知识，教师在教学中可以采用重复话语、降低语速、增加停顿、改变发音、调整措辞、简化语法规则、调整语篇等方式。

学生是英语教学的重要反馈者，教师的反馈也十分重要。所谓提供反馈，指教师为学生的学习情况提供反馈。教师的反馈可以是对学生话语的回答，如表示学生回答正确或错误、赞扬鼓励、扩展学生的答案、重复学生所答、总结学生回答、批评等。总而言之，教师的目的是采用不同形式的教学方法，调动学生的积极性，扩展学生的知识面，培养学生的学习能力，提高整体教学效果。在英语教学中，教师要充当以下角色。

### 1. 语言知识与文化知识的传授者

语言知识是语言技能的基础，对于学生而言，学习英语要具备良好的听、说、读、写能力，并具备一定的词汇量，掌握英语的语法基础知识，了解西方文化。因此，教师要向学生传授英语语言知识和文化知识。但是传授的方式是多种多样的，传授知识不能采取"满堂灌"的教学方式。知识的传授要与语言实践活动密切结合，鼓励学生在教师指导下进行探究式学习。

### 2. 语言技能的培养者

教师不仅是语言知识的传授者，更是语言技能的培养者。教师培养学生的语言技能是为了帮助学生运用语言知识进行交际。

### 3. 语言使用与交际的示范者

教师是学生学习语言与交际的示范者，学生在学习语言时，一个主要途径是模仿，教师是主要的模仿对象，要求教师做到两点：第一，教师本身要具备良好的语言基本功，为学生提供正确的模仿对象；第二，教师的语言要适合学生的语言水平，使学生能够模仿。

### 4. 语言交际活动的组织者和参与者

学生英语交际能力的提高，需要进行大量交际实践活动，要求教师根据学生语言水平和教学需要，在课堂内外组织多种形式的交际活动。在一些情况下，还要求教师在活动中充当一定角色，在与学生交流过程中激发学生的兴趣并提出新的语言现象，使学生在不知不觉中掌握语言的用法。

### 5. 语言学习过程的诊断者与咨询者

英语学习是一个漫长的过程，学生会遇到各种困难与困惑，要求教师针对学生的实际情况做出相应"诊断"，确定学生产生困难或困惑的原因并给出建议，帮助学生解决困难、消除困惑。要做到这一点，首先，要求教师具备良好的理论素质，熟悉英语教学以及与英语教学相关学科的基本理论，了解外语的学习过程；其次，具有一定的敏感性，在教学过程中及时、敏锐地捕捉到学生各个阶段出现的困难和问题。

### 6. 语言学习材料的推荐者和提供者

学生学习英语需要大量的语言输入，只靠一本教材是不够的，还需要补充一定的语言材料。现在市面上有各种英语学习资料，学生及家长在选择材料时具有一定的盲目性，要求教师针对学生的实际情况，配合学校教学，为学生推荐或者提供合适的学习资料。

### 7. 学生学习动力与学习兴趣的激发者

学生是学习的主体，英语教学必须要以学生为中心。英语学习成败的关键在于学生学习的动力是否充足，学习兴趣是否浓厚。对此，要求教师想方设法激发学生的学习动机和学习兴趣，要在教学中充分利用学生已有的特点，如好奇心、对成功和进取的愿望、善于表现等，为学生设计教学活动；注意学生的进步并及时鼓励，对学生使用语言中出现的问题不过分指责，使学生保持学习的自信心。

8. 语言学习规律的学习者和研究者

对英语教师而言，自身的学习过程已经为教学提供了许多感性经验，其中的经验和教训将会对英语教学产生重要影响。但是感性的经验只有上升到理论才能更加有效地指导教学活动。因此，一方面提倡教师要不断学习，提高个人的语言基本功；另一方面要结合个人的教学实践，采用科学方法，探索与研究外语学习的基本规律。

（二）学生因素

1. 学生角色的定位

在英语教学中，学生主要扮演以下角色。

（1）主人

学生是英语课堂教学的主人。学生对知识的探索、发现、吸收以及内化等，有利于知识体系的构建。

（2）参与者

作为英语教学活动的重要参与者，学生应积极主动地参与各项活动，积极思考，勇于表达个人观点，展示个人才能。

（3）合作者

英语教学是师生之间及学生之间共同进行的活动，团队合作不可缺少。在合作中，师生之间、生生之间可以相互学习，相互帮助，共同提高。

（4）反馈者

在英语教学中，学生的反馈信息是教师改进教学的一个重要依据，学生可以结合自身学习经历，就教学法的实用性向教师提出建议或意见，并协助教师改进和完善教学内容和教学方法，提高学习效果。

2. 学生的个体差异

学生之间的差异主要体现在以下几个方面。

（1）语言潜能的差异

语言潜能包括：第一，语音编码、解码的能力，即关于输入处理的能力；第二，归纳性语言学习能力，即有关语言材料组织和操作的能力；第三，语言敏感性，即从语言材料中推断语言规则的能力；第四，联想记忆能力，即关于新材料的吸收和同化的能力。每个学生的语言潜能都存在差异，在英语教学过程中，教师应了解学生的语言潜能，因材施教，使学生能够针对不同的学习任务、不同的场合发挥各自长处，以收到良好的效果。

（2）认知风格的差异

认知风格又称认知方式，指个体在认知过程中所表现出来的习惯化的行为模式，既包括个体知觉、记忆、思维等认知过程方面的差异，也包括个体态度、动机等人格形成和认知功能及认知能力方面的差异。每个学生都有不同的认知风格，不同的认知风格又有优劣之分，但并不体现在学生的学习成绩上。每个学生都有偏爱的信息加工方式，在学习不同材料时也会各有所长，当学生的认知风格与教师的教学风格、学习环境中的某些因素相吻合时，会获得良好的学习成绩。因此，教师应了解并尊重学生的认知风格，并根据不同的学习任务和学习环境对学生因材施教，使教学特点与学生的需要有机地结合起来，从而获得良好的教学效果。

（3）情感因素的差异

情感因素差异主要涉及以下三个方面：

第一，学习动机。学习动机指激发个体进行并维持已引起的学习活动，使其行为朝向一定学习目标的一种内在过程或内部心理状态，是直接推动学生进行英语学习的内部动力，是影响英语学习成绩的一个关键因素。学习动机源于学习活动，也是学习活动得以发动、维持、完成的重要条件，并由此影响学习效果。

第二，性格。性格指一个人对现实态度和行为方式表现出稳定又可变的心理特征，是学生重要的情感因素，也是决定英语学习成功与否的关键因素之一。人的性格可以分为外向型和内向型两种。外向型的学生善于交际方面的学习，能够积极参与英语学习活动，并在活动中寻求更多的学习机会；内向型的学生在发展认知型学术语言能力上更占优势。对教师而言，研究学生在性格上的差异性的最终目的是了解学生的个体差异和不同的心理状态，因材施教，发挥不同性格学生的优势，以获得更理想的教学效果。

第三，态度。态度是个体对他人或事物的稳定心理倾向或为达到某种目的而做出的努力，是影响学习效果的重要因素之一。学习态度一般包括情感成分、认知成分和意动成分。所谓情感成分，是对某一个目标的好恶程度；认知成分是对某一个目标的信念；意动成分是对某一个目标的行动意向以及实际行动。通常来讲，获得好的学习效果应该对异质文化具有好感，向往其生活方式，渴望了解历史、文化和社会习俗等。学生对学习材料、教学活动的组织形式及对教师的态度，都会影响学生语言学习的效果。因此，分析学生的个体差异，有利于教师制订合理的教学计划、选择适合的教学材料及方法。

3. 成功的语言学习者的特征

成功的语言学习者应具有以下特征：

第一，认真并愿意听教师讲课，坚持做笔记，对教师讲过的单词、短语、句子和课文等定期复习。

第二，具有冒险精神，能够大胆地运用所学知识，不怕犯错，对于教师的纠正有较好的态度。

第三，善于思考，可以用英语思维考虑问题，将所见所闻与学习过的英语知识联系起来。

第四，懂得通过与教师交流，提高语言水平，主要表现在经常提问、积极发言。

第五，有适合个人的学习方法。例如，有的学生喜欢早上背单词、课文，有的学生则在睡前背诵单词、课文。因此，学习者应该善于寻找适合自身的学习方法和时段。

第六，有着长远的学习目标，要使近期目标比目前学习的内容更加深入，善于充分利用有限的课堂时间与教师和同学进行交流。

第七，懂得安排课后时间，懂得学习英语需要持之以恒的态度。

（三）教学因素

1. 教学内容因素

教学内容指在教学活动中为实现教学目标，师生共同作用的知识、技能、技巧、思想、观点、概念、原理、事实、问题、行为习惯等总和。教学内容是一种特殊的知识系统，既有别于语言知识本身，又不同于日常经历；既要考虑英语学科本身的知识体系，又要考虑学生的年龄特点和实际需求。通常来讲，教学内容主要有以下方面。

（1）语言知识

英语语言知识是综合英语运用能力的有机组成部分。语言知识是语言学习和语言运用的重要内容之一，英语语言能力的形成是以语言知识为基础的。

（2）语言技能

英语语言技能主要包括听、说、读、写四个方面，是形成综合语言运用能力的基础和必要手段。"听"的技能是分辨和理解话语的能力；"说"的技能是运用口语表达思想、输出信息的能力；"读"的技能指辨认和理解书面语言的能力；"写"的技能主要指运用书面语表达思想、输出信息的能力。在大量听、说、读、写等专项及综合性训练中，学生将会逐步提高各项技能的综合运用能力，为真实的语言交际奠定基础。

（3）情感态度

情感态度指兴趣、动机、自信、意志和合作精神等影响学生学习过程和学习效果的相关因素。积极的情感态度有利于发挥学生潜在的各种技能；反之，消极的情感态度会阻碍语言学习能力的养成。因此，教师在教学中应不断激发并强化学生的学习兴趣，引导他们逐渐将兴趣转化为稳定的学习动机，从而形成积极的情感态度。

（4）文化意识

文化意识指所学语言国家的地理、历史、风土人情、传统习俗、生活方式、文学艺术、行为规范、价值观念等。对于英语学习者，接触和了解英语国家的文化，可以加深对英语语言的理解和使用，提高人文素养，培养世界意识。因此，教师在英语教学中要注重对学生文化意识的渗透，根据学生的年龄特点和认知能力传授文化知识，培养文化和世界意识。

（5）学习策略

学习策略指学生为有效地学习和发展而采取的各种行动和方法。英语学习策略主要包括认知策略、调控策略、交际策略和资源策略等。培养学生的学习策略可以促使他们有效学习，并能为终身学习奠定基础。良好的学习策略可以改进学习方式、提升学习效果，还能使学生学会如何学习，培养其自主学习能力。因此，教师要帮助学生形成个人的学习策略，对学习过程和效果进行监控和反思，培养学生根据学习风格调整学习策略的能力，引导学生善于观察他人的学习策略，愿意尝试不同的学习策略。

2. 教学方法因素

教学方法是教师和学生为了实现共同的教学目标、完成共同的教学任务，在教学过程中运用的方式或手段的总称。英语教学中有很多教学方法，并且都在英语教学中发挥作用。具体而言，英语教学中如果采用固定的、一成不变的方法，可能会降低英语教学效率；即使在一堂课中使用一种教学方法，学生也会感到单调、乏味。因此，英语教学所采用的方法应具有灵活、多样等特点，要对各种语言技能有所侧重，如此才能全面提高学生英语学习的能力。

3. 教学环境因素

教学环境是一个由多种要素构成的复杂系统。广义的教学环境指影响学校教学活动的全部条件，可以是物理环境和心理环境；狭义的教学环境指班级内影响教学的全部条件，包括班级规模、座位模式、班级气氛、师生关系等。教学环境要素可以总结为以下方面：

第一，社会环境。社会环境是影响和制约外语教学的重要因素，主要涉及社会制度、国家的教育方针、科学技术水平、经济发展状况、人文精神、外语教育政策、社会群体对英语学习的态度，以及社会对英语的需求程度等。英语教学发展的主要动力是社会环境，其对英语教学具有极强的导向作用。

第二，学校环境。学校是为学生提供学习场所和学习手段的最佳环境。学校环境对英语教学的影响是最重要和最直接的，决定学生英语学习的成败。学校环境主要涉及课堂教学、接触英语时间的频率、班级规模、教学设施、教学资料、英语课外活动、英语教师及其他教职工对英语的态度及英语水平、校风班风和师生人际关系等。

第三，个人环境。个人环境也会对学生的英语学习产生一定影响。个人环境一般包括学生的家庭成员、同学、朋友的社会地位，物质生活条件，文化水平，职业特点和对英语学习的态度、经验、水平及学习方式，成员之间的关系及感情，学生的经济状况，拥有的英语学习设备和工具等。

教学环境对英语教学有以下影响：

第一，教学环境能够使教师在教学中更加努力地营造良好的课堂环境，充分利用现代化教学设备，优化教学环境，提高学生对英语语言的运用能力。

第二，教学环境可以帮助教师正确认识环境对学生学习英语的影响，结合我国英语教学现状，理性地分析、判断和选择其他国家英语教学的理论和方法。

第三，教学环境可以帮助教师有效地加工语言输入材料，科学地设计语言练习，创造良好的课堂英语使用环境。

第四，教学环境有利于教师不断学习和优化课堂教学环境策略，以及在创设良好的英语教学环境过程中，提高自身的教学素质。

## 二、高校英语教学的理论依据

### （一）行为主义心理学

行为主义心理学兴起于 20 世纪 50 年代的美国，其代表人物主要有华生和斯金纳，他们将学习看作是刺激与反应的联结，并提出一个假设，即行为是学习者对环境刺激所做出的反应。他们将环境看成刺激，把有机体行为当作反应，认为所有的行为都是通过学习获得的。行为主义在学习理论中发挥了重要作用，特别是巴甫洛夫的经典条件反射和斯金纳的操作条件反射理论，在人类的学习中被广泛应用。

斯金纳认为人们的言语的每一部分都是由于某种刺激的存在而产生的，这里的"某种刺激"可能是言语刺激，也可能是外部刺激或内部刺激。人的言语行为和大多数其他行为一样，是一种操作性行为，是通过各种强化手段获得的。因此，课堂上如果学生做出操作性反应，教师需要及时给予强化：学生答对问题时要说"好"或"正确"，答错时要说"不对"或"错误"。这样，学生的言语行为会得到不断强化，发生错误的可能性会逐渐降低，从而学会使用与语言反射区相适应的语言形式。

### （二）人本主义心理学

20 世纪 50 年代，人本主义心理学在美国兴起，与行为主义心理学和心理分析心理学形成对立。人本主义心理学的主要代表人物有马斯洛和罗杰斯，他们认为教育的作用在于提供一个安全、自由、充满人情味的心理环境，使人类固有的优异潜能得以自动实现。人本主义心理学的主要理论是"情意教学过程论"和"以学生为中心的教学模式论"。

人本主义心理学强调学习者内心世界的重要性，并且把个人思想、意愿与情感放在所有人发展的中心地位。人本主义所倡导的学习理论不同于行为主义和认知心理学，从验证性研究中得到原则后再形成推论，而是根据经验原则提出观点与建议。此外，人本主义学习理论不限于对片面行为的解释，而是扩大至对学习者整个成长历程的解释。

人本主义学习理论的基本观点包括：第一，强调人的价值，重视人的意识所具有的主观性、选择能力和意愿；第二，学习是人的自我实现，是丰富人性的形成；第三，学习者是学习的主体，必须受到尊重，任何正常的学习者都能自己教育自己；第四，人际关系是有效学习的重要条件，在学与教的活动中创造"接受"的气氛。

由此可见，人本主义学习理论的最大特点是重视学习的感情因素。因此，教师在语言教学过程中，要以学习者为中心，突出学习过程和自我实现的价值，贯彻"以人为本"的原则。

（三）建构主义理论

随着心理学的不断发展，以及心理学家对人类学习过程中认知规律研究的不断深入，到20世纪后期，认知理论的另一个重要分支——建构主义学习理论在西方逐渐流行。建构主义的最早提出者，可追溯至瑞士学者皮亚杰以及苏联心理学家维果茨基。

建构主义理论强调在教师指导下，以学生为中心的学习方法，认为学生是信息加工的主体，是意义的主动建构者，而不是外部刺激的被动接受者和被灌输的对象；教师是学习的意义建构的帮助者和促进者，而不是知识的传授者和灌输者。

20世纪90年代以后，随着科学技术的迅速发展，多媒体和网络技术为建构主义理论提供了技术支持，建构主义学习理论教学设计思想得到广泛应用。

（四）二语习得理论

虽然在20世纪60年代二语习得理论已有展开，但是其真正成为一门独立学科，是在20世纪70年代。其主要代表人物是美国学者克拉申，他针对第二语言的习得提出了语言监控理论。虽然人们对这一理论还存在争议，但是这一理论却是具有影响力的外语教学理论之一。

1. 习得—学习假设

对"习得"和"学习"的区分，以及对两者各自在习得者第二语言能力形成过程中所起到的作用的认识，是克拉申理论的出发点和核心。在习得—学习假设中，克拉申将学习和习得明确地分开，将习得看作是在学习者无意识的状态下获得语言的过程；学习是学习者有意识地通过课堂学习等方式获得语言的过程。简言之，习得和学习的知识处在大脑不同部位。

2. 自然顺序假设

自然顺序假设认为人们习得语言结构知识的顺序是自然进行的。例如，当人们学习英语时（第二语言学习），对"进行时"的掌握先于"过去时"，对"名词复数"的掌握先于"名词所有格"等。自然顺序假说并不要求人们按这种顺序制定教学大纲。事实上，如果以习得某种语言能力为目的，可以不按照任何语法顺序教学。

3. 监控假设

克拉申还提出了监控假设，说明学习的作用。事实上，监控假设与习得—学习假设有着密切关系，体现出"语言习得"和"语言学习"的内在关系。根据这一假设，语言习得和语言学习作用所存在的不同显现出来。语言习得系统认为，潜意识的语言知识才是真正的语言能力；语言学习系统认为，有意识的语言知识只在第二语言运用时起到监控或编辑作用，这种监控作用既可发生在语言输出前，也可发生在其后。但是，监控能否发挥作用，主要依赖以下条件：① 有充足的时间。语言使用者只有拥有足够的时间，才能有效选择和运用语法规则。② 注意语言形式。语言使用者必须考虑语言的正确性。③ 知道规则。语言使用者一定要具有所学语言的语法概念及语言规则知识。在口头表达时，人们只注重说话的内容而忽视形式，没有过多地考虑语法规则。因此，在说话时，如果总是考虑语法监控，不断构思和纠正语法错误，会导致说话结巴，妨碍交际活动的进行。但在书面表达中就不会出现这种状况，因为写作者有足够的时间推敲字句，斟酌语法。

（五）输出假设

输出假设是斯温根据"沉浸式"教学实验提出来的，主要观点是语言输入是二语习得的必要条件，但不是充分条件。也就是说，要使学习者达到较高的外语水平，除了依靠可理解性输入，还要充分利用各种资源，需要对将要输出的语言进行构思，保证其更恰当、更准确，并能被听者理解。这样，既可以提高学习者语言使用的流利程度，又能使他们意识到自己在语言使用中存在的问题。因此，在外语教学课堂上，教师应该给学生足够的时间和机会使用语言，以提高学生语言使用的流利性和准确性。

# 第二节 高校英语教学的原则与方法

## 一、高校英语教学原则

（一）灵活性原则

语言是生活的一个必要组成部分，是一个充满活力、不断发展的开放性系统。语言本身的性质以及学生自身特点，要求教师在英语教学中遵循灵活性原则，在教学方法、语言学习和语言使用方面做到灵活多样、富有情趣。

1. 教学方法的灵活性

在英语教学史上曾经出现过不同的教学方法和流派，如语法翻译教学法、视听教学法、交际教学法等，每种方法都有其自身优势与不足，教师应该兼收并蓄、集各家所长，切忌拘泥于某一种教学方法。

英语教学包括语言知识和语言技能两个方面。语言知识包括语音、词汇、语法等内容，不同的语音、不同的词汇、不同的语法项目具有不同的特点。语言技能既包括听、说、读、写四个方面，又包括许多微技能，而学习者的个体差异也是不同的。因此，在英语教学过程中，教师要综合学生、教学内容以及自身特点，创造性地开展多种教学活动，充分体现教学方法的多样性和创新性,使英语课堂新鲜有趣,从而激发学生学习英语的热情,挖掘学生潜能。此外,教学的内容也要体现灵活性原则,教师不仅要教英语,还要教学习方法,同时结合英语教学教会学生如何做人。

2. 学习的灵活性

教学方法和教学内容的灵活性,可以有效带动英语学习的灵活性。教师应努力改变以往单纯死记硬背的机械性学习方法,帮助学生探索合乎英语语言学习规律和符合学生生理、心理特点的自主性学习模式,使学生能够自我导向、自我激励、自我监控,静态、动态结合,基本功操练与自由练习结合,单项和综合练习结合;通过大量实践,使学生具有良好的语音、语调、书写和拼读基础,并能用英语表情达意,开展简单的交流活动,开发听、说、读、写综合运用语言的能力。

3. 语言使用的灵活性

英语学习的关键在于使用,教师需要通过使用英语带动和影响学生使用英语,应尽可能多地用英语组织教学、用英语讲解、用英语提问、用英语布置作业等,使学生感到所学的英语是活的语言。

英语教学的过程不应只是学生听讲和做笔记的过程,而应是学生积极参与,运用英语实现目标、达成愿望、体验成功、感受快乐的有意义的交际活动过程。另外,教师可以通过作业,使学生灵活地使用英语。作业布置应侧重实践能力,比如让学生录制口头作业,让学生轮流运用英语进行值日报告,陈述和评议时事、新闻等。

(二) 交际性原则

语言是交际的工具,人们主要通过语言交流思想、传递信息。交际是在特定语境中说话者和听话者、作者和读者之间的意义转换。由此可以得出几点启示:① 交际包括口语和书面语两种交际形式;② 交际总是发生在一定的语境中;③ 交际需要两个以上的人参与并产生互动。学习英语的首要目的是使用英语进行交际,而英语教学的首要目标在于培养学生的交际能力。交际能力的核心是运用所学语言知识在不同场合与不同对象进行有效、得体的交际。因此,在英语教学中,首先要贯彻交际性原则,使学生能够运用所学英语与人交流,对此应在教学过程中做到以下方面。

1. 充分认识英语课程的性质

英语课是一种技能培养型课程,要把语言作为一种交际工具来教、来学、来使用,而不是把教会学生一套语法规则和零碎的词语用法作为语言教学的最终目标,要使学生能用所学语言与他人交流,获取信息。因此,在教学过程中,教、学、用构成一个有机的相辅相成统一体,其中的核心在于使用。对此,教师应转变以往陈旧的教学观念,认清课程性质。这是落实交际性原则首先需要解决的问题。

2. 创设情境,开展多种形式的交际活动

语言是交际的工具,而交际的发生总是处于特定的情境中。情境包括时间、地点、参与者、交际方式、谈论的题目等要素。在某一特定情境中,讲话者所处的时间、地点以及本人身份都制约说话的内容、语气等。因此,在基础英语教学中,要使教学内容置于一种有意义的情境中,而且在一定情境下学习英语,可以使学生身临其境,提高学习英语的兴趣。英语教学活动要充分考虑交际性的特点,结合教材内容,尽量利用各种教具,创设与学生生活密切相关的各种情境,从而进行真实或逼真的英语交际训练活动,如此才能使学生学有兴趣,学有成效,而且做到学用结合。

3. 注意培养学生语言使用的得体性

英语教学的首要目标在于培养学生进行有效的交际的能力。传统的英语教学只偏重于语法结构的正确性,根据交际性原则,学生要具备良好的交际能力,需要在适当的时间、适当的地点,以适当的方式向适当的人讲适当的话,而创设情境,开展多样的交际活动,比如课堂游戏、讲故事、猜谜语、编对话、角色扮演、话剧表演、专题讨论或者辩论等,都有助于学生在创设情境中充分表现自己,从而掌握地道的语言。

4. 精讲多练

英语课堂内容包括讲和练,前者指讲授语言知识,后者是进行语言训练。在课堂上,适当地讲授语言知识是必要的,可以提高学习效果。因为英语是一种技能,技能只有通过实际训练才能获得。在语言训练过程中,教师应针对学生的具体问题给予"画龙点睛"式的点拨,这不仅有利于学生语言交际能力的培养,还有助于学生养成良好的学习与思维习惯。在进行必要的讲解之后,教师要留给学生足够的训练时间。

5. 注重教学内容与教学活动的真实性,贴近学生的生活

语言与现实生活密切相关,教学活动的设计与教学内容的选择需要考虑这一因素。在英语教学中,要把语言和学生所关心的话题结合起来,为学生提供内容丰富的、题材广泛的、贴近他们生活的信息材料。另外,教学内容的真实性还要求教材的语言和教师的语言是真实的,也就是说,教材的语言和教师的语言应该是以英语为母语的人在交际过程中使用的语言,而不是专为教学编写出来的。

(三)兴趣性原则

我国古代教育家孔子把学习分为三个不同层次:知学、好学和乐学。兴趣是推动学生学习英语的最强动力,学生积极探求事物并带有感情色彩的认识倾向,可以使学生在学习活动中变得积极主动,从而获得更好的学习效果。

1. 学习兴趣的功能

第一,定向功能。学习兴趣作为影响学习过程的一种非智力因素,其作用是最明显,也是最持久的,决定学生的进取方向,为学生的终身学习奠定基础。

第二,动力功能。学习兴趣与人的情感活动密切相关,可以直接转化为学习动力。当学生对英语学习具有浓厚的兴趣时,学习不再是一种负担,而是一种乐趣。

第三，支持功能。英语学习是一个漫长而又复杂的学习过程，学习兴趣是在克服困难、战胜挫折、保持旺盛的精力的基础上，对学习起到支持作用的。

第四，偏倾功能。人们往往从自己的兴趣出发审视事物，表现在英语学习上是每个学生的兴趣不同，学习的侧重点也有所不同。有的学生对记忆单词特别感兴趣，有的学生特别喜欢阅读英语文章，还有的学生特别喜欢英语写作。对于这些侧重点的差异性，教师需要因势利导，在学生原有侧重点的基础上，引导学生向正确的方向发展。

2. 激发和培养学生学习英语的兴趣的方法

第一，充分了解学生的生理与心理特点，尊重学生的主体性。学生是学习的主体，是整个学习过程的核心承载者。基础英语教学要从学生的心理和生理特点出发，改变传统的学习方式，让学生通过体验和实践进行学习。传统的语言学习方式强调学生在初级阶段要学好音标，学好语法，记忆一定量的词汇。英语课程必须从学生的心理和生理特点出发，遵循语言学习规律，从改变学生的学习方式着手，通过听做、说唱、玩演、读写和视听等活动方式，达到培养兴趣、形成语感和提高交流能力的目的，尤其是在学习的初级阶段更要如此。

第二，防止过于强调死记硬背、机械操练的教学倾向。英语学习需要一定的死记硬背和机械操练的活动。但是，过多的机械性操练容易导致课堂教学的单调乏味，容易使学生降低或者失去学习英语的兴趣。为此，应该重视科学地设计教学过程，营造学生思维的教学环境，帮助学生通过各种渠道获取知识，加速知识的内化过程，使他们能够在听、说、读、写等语言交际实践中灵活运用语言知识，变语言知识为英语交际工具。这样，学生在获得交际能力的同时，综合素质也会得到提高，学生的学习兴趣才会得到巩固与加强。

第三，挖掘教材，激情引趣。教材是英语教学的核心，教师要想最大限度地调动学生的积极性，就要在备课中认真研究教材，挖掘教材中的兴趣点，使每节课都有新鲜感，有让学生感兴趣的内容和活动。

第四，善于发现学生的进步，给予鼓励表扬，培养学生的自信心和成就感。对学生而言，学习兴趣的保持在很大程度上取决于学习效果，取决于学生能否获得成就感。因此，教师需要通过多种激励方式，如奖品激励、人物激励、荣誉激励、信任激励和情感激励等，激发学生积极参与、大胆实践，从而体验成功的喜悦。

第五，注意发现和收集学生感兴趣的问题，并把这些问题作为设计教学活动的素材。例如，在教数字时，教师可以请学生收集家里所有的数字，学生除了收集家里的电话号码、邮编、汽车牌照之外，还可以收集家人穿的鞋子的尺码、衣服的尺码、父母的身高、家里的藏书数目、自己的零用钱等。这样，一节普通的数字课就会上得生动有趣。

第六，增强教师与学生之间的交流。一个班级的学生来自不同的家庭环境，教师要平等对待每一个学生，对学生充满爱心，通过各种形式与学生进行交流，真心与学生交朋友，懂得学生。因为学生对某一门课程的喜欢程度，取决于他们对于授课教师的态度。另外，教师还要寓思想教育于教学中，结合英语教学培养学生的道德情感和对英语学习的热情，创造和谐、宽松的课堂气氛，注意保护学生的自尊心。

第七，改变传统的英语测试方式。应试教育对学习兴趣的影响较大。基础英语课程的评价应以形成性评价为主，采用学生日常教学活动中常见的方式进行，重视学生的态度、参与的积极性、努力的程度、交流能力以及合作精神等。除了形成性评价外，还可以采用口试与笔试相结合的方式。口试主要考查学生实际语言的应用能力；笔试主要考查学生听和读的技能以及初步的写作能力。评价可采用等级制或达标方法记录成绩，不应对学生按成绩排名或以此作为各种评比或选拔依据。

（四）输入与输出原则

输入指学生通过听和读接触英语语言材料；输出指学生通过说和写进行表达。心理语言学研究表明，输出建立在输入基础上。在此意义上，输入是第一性，输出是第二性。一方面，在人们学习英语的过程中，理解的总是比表达的多；另一方面，语言输入的量越大，语言输出的能力越强。有效的语言输入应具备以下特点：一是可理解性。如果学生不能理解输入的语言，这些输入无异于噪声，是不被接受的。二是趣味性或恰当性。所输入的语言材料要使学习者感兴趣、使学生对语言输入感兴趣，应使他们意识不到是在学习外语，而将注意力放在意义上。三是足够的输入量。要习得一个新句型只依靠练习或者是阅读语言材料是不够的，还需要数小时的泛读以及讨论才能完成，对此，教师在教学过程中应该注意以下方面：

第一，尽可能多地让学生接触英语。通过视、听和读等手段，为学生提供可理解的语言输入，如声、像材料的示范和贴近学生日常生活和学习、适合学生英语水平、具有时代特色的读物等。另外，学生学习的内容不应局限在课本之内，教师还应该打破课内外的界限，帮助学生扩大语言接触面。

第二，输入内容和输入形式的多样化。学生接触的英语既要有声音，又要有图像，还要有文字，而且语言题材和体裁以及内容应广泛，来源多样化。例如，在日常生活中，尤其是在大、中城市中，每天都会接触到英语，比如文具、衣服、道路标志、电器等都有许多英语，如果能够利用这些事物，学生则可以轻松地学到英语知识。另外，还要注意根据语言分类，为学生提供多种形式的输入。

第三，提高接触语言的频度。学习语言，接触语言的频度比长度更重要。

第四，强调学生的理解能力。学生对知识的认识不仅仅要停留在表层，同时还应该深入分析和把握知识的内涵和本质。因此，教师应该注重培养学生的理解能力，学生的理解能力不仅可以促进其掌握相关的知识，同时还能够在学习和获取知识的过程中把握获取知识的能力和方法，不断提升学生的学习能力和思维能力。在具体的教学中，教师要强调学生的理解能力。

第五，为学生提供的语言材料要符合学生的实际情况，符合可理解性、趣味性和恰当性的要求。教师可以根据语言学习规律和学生在认知水平、目标语水平等方面的个体差异，以及语言文字在音、形、义方面的特征，从语言材料输入方式和音、形、义以及话语功能的匹配关系等方面对材料进行处理。

（五）宽严结合的原则

所谓宽与严，指如何对待学生在学习过程中出现的语言错误，也就是如何处理准确和流利之间的关系。外语学习是一个漫长的内化过程，学生从开始只懂母语，一直到最后掌握一种新的语言系统，需要经过不同阶段。从中介语的观点来看，在各个阶段，学生所使用的语言是一种过渡性语言，既不是母语的翻译，也不是将来要学好的目标语，这种过渡语会有很多错误。传统的分类方法将错误分为语法、词汇和语言错误，语法错误又被进一步分为冠词、时态、语态错误等。这种分类方法主要基于语言形式而忽视语言的交际使用。对于各种错误的分析是第二语言习得研究的重要课题。因为通过对错误的分析，可以发现学生的学习策略，而这些策略正是学生产生错误的原因：一是迁移，二是过度概括。

语言错误是学习英语过程中的必经阶段。出错—无意识错误—出错—意识错误—出错—自我纠正错误，是每一个英语学习者的必经之路，没有这个过程就不可能达到流利的程度。因此，应鼓励学生不怕出错，而且要耐心地倾听学生的英语，并给予纠正指导。一方面，教师要坚持用正确的语言熏陶学生；另一方面，当学生的语言错误影响信息的传递时，要在鼓励的前提下进行必要纠正，保证学生使用英语的准确性。简而言之，在英语教学中，教师应该采取宽严结合的方法，当以交流为目的时，对学生的语言错误采取宽容的态度；当以语法学习为目的时，则采取严格的态度，既保证学生具有扎实的语言基础，又有利于鼓励学生大胆使用英语。

宽严结合的原则，实际上是正确处理准确和流利之间的关系，存在两种区分情况：对于初学者，不宜过分纠正语言中的错误，而应鼓励他们使用英语进行交际；对于中等以上的学习者，可以适当地纠正语言中的偏差，但是要以不打击他们的学习积极性为前提。此外，在写作或演讲时应该强调英语表达的准确性。

## 二、高校英语教学方法

（一）转变英语学习观念

高校英语的学习要在进行基本语言技能训练的同时，逐渐将其转化为应用语言的能力，要广泛阅读，接触丰富的语言材料，学习地道的表达方式，拓宽知识面，丰富个人的思想。

同时，一定的输入（阅读、听力）后必须有一定的输出量（写作、口语），将学到的表达方式加以应用。英语学习的转变主要体现在以教师为中心，单纯传授语言知识和技能的教学模式，向以学生为中心，既传授一般的语言知识与技能，也注重培养语言运用能力和自主学习能力的教学模式转变。

### （二）改变英语学习方法

#### 1. 制订合适的自学计划

英语学习计划可分为长期和短期两种。长期计划可设定为本科四年英语所要达到的程度；短期计划可以规定每个学期、每月、每周或每天应学习的内容。长期计划是树立一个学习目标，短期计划则是提醒每天都在朝着这个目标迈进。必须注意的是，制订计划需要根据个人的实际情况，简单而切实可行。另外，在学习过程中可以对计划进行适当调整，以适应变化的情况，并且实施计划要认真和坚持。

#### 2. 积极创造语言学习环境

良好的环境对于语言学习起到重要作用。课堂时间有限，仅依靠课内的时间是不够的，还应该创造课外的学习环境，使个人始终置身于英语世界中。例如，坚持与同学用英语进行交流，积极参加各种英语竞赛，坚持听英语广播、英语讲座，看英文电影、录像，经常去英语角，同外国人谈话，看英语书籍、杂志等，习惯使用英语思维。

#### 3. 充分利用英语教材

英语教材在大学里依然是进行英语学习的系统工具，其中的课文绝大部分是选自原文，语言材料丰富多样，出现的词汇也比较常用，课后练习经专家审定，又经多次试用、反复修改，学生认真学习教材无疑对英语学习大有裨益。学好教材要注意三点：认真完成课前预习、充分利用课堂时间、及时做好课后复习。

总而言之，高校英语教学在目标方面，更注重学生实际英语综合运用能力，尤其是听、说能力的培养，而不是单纯为了考试。在英语教学中，教师会强调语言应用能力的培养，要求学生在用中学、学中用，把课本知识通过教师的指导、同学的相互帮助加以应用，并在应用中发现问题、解决问题。

在学习方法上，高校英语教师是学生学习的组织者和指导者，给学生介绍方法、指出方向，引导学生思考，组织学生讨论，在思考中学习，在讨论中提高。高校英语学习在方法上，更加提倡个人的自我管理能力和自主学习能力，学生要认真完成教师布置的学习任务，根据具体情况，制定详细的短期、中期和长期的英语学习目标和计划并严格执行；要主动、充分利用一切可利用的学习资源进行自主学习，如图书馆、网络课程等。

## 第三节 体验性与自主性教学理念下的高校英语教学

大学阶段的英语教学，不能只是单纯的语言知识学习与传授，而是要培养学生在听、说、读、写、译方面的综合应用技能，能够运用多种学习策略，以及具有跨文化交际能力。传统的教学模式已经难以达到这一新的教学目的和要求，所以必须进行高校英语教学改革，寻求更新的教学模式，采用多种教学手段。

体验性与自主性的教学理念与传统的教学思想与模式存在一定差异，其涉及几方面：① 知识观念与学习观念；② 师生关系及其作用；③ 课程设计与学习过程；④ 学习结果的评估与测试。

体验性与自主性教学思想更加注重教学对象的感受以及学习者在学习过程中所发挥的积极作用，摒弃传统教学中被动接受的传授法，吸收新的体现人文化的教学理念，提倡学生进行自主性学习，凭借先进的网络教学手段，真正呈现出个性化教育的良好开端，为我国高校英语教学体系不断发展与完善增添新的内容与活力。

## 一、体验性与自主性教学理念的确立

体验性教学是要确立以学生为中心的教学思想。在教学活动中，让学生充当主体角色，亲身体验学习内容，并亲临和感受整个学习过程。教师的角色应该是技能训练的策划者和提供体验学习活动的组织者，积极引导和参与以学生为中心所开展的各项教学活动，彻底改变传统的命令式、说教式、以教师为中心的教学模式，应根据教材内容，运用丰富的教学经验，结合学生实际，创造出针对性强、生动有趣的训练形式，并组织学生开展丰富多彩、富有实效的语言技能训练活动，始终坚持"教为练，练为用"的原则。

学生学习与训练的过程就是体验的过程。学校教育的根本目标是使学生成为独立、自主的学习者。自主性学习被认为是实现终身教育的一个重要途径。近年来，在高校英语教学中，培养学生语言学习的自主性受到越来越多地关注，对自主性理论的研究也更加广泛和深入，课堂教学模式由传统的以教师为中心逐渐转向以学生为中心，确立学生在教学中的主体地位，培养学生独立、自主的学习能力被视为教育的根本目标，不仅有利于学习效果的提高，减轻学生的学习负担，而且通过培养学生独立学习的良好习惯和自身承担学习责任的能力，为实现终身教育奠定坚实基础。

基于以上学习自主性给教育教学带来的良好效应，教师在课堂教学中应该把培养和开发学生学习自主性作为教学的根本任务，建构良好的自主学习空间，充分发挥学生的主观能动作用，从根本上提高教育教学质量。

为了使学生能够真正掌握语言知识和应用技能，教师必须确立以学生为主体的教学指导思想，将体验性教学理念渗透到英语教学的整个活动中。

## 二、审视教学的对象

体验性与自主性的教学理念是要打破以教师为中心的传统课堂模式，树立以学生为主体的参与和体验学习过程的教学思想。关于教学改革，人们往往对教学方法与手段、教学内容与形式等方面给予特别关注，但是对于教学对象的认识似乎一成不变。然而，当今的大学生群体结构已经发生新的变化，值得引起注意。① 年龄差异。由于高考招生制度的改革，录取学生的年龄随之放宽，在校大学生的年龄差异比过去有所增大。② 环境与背景差异。学生来自不同的家庭、不同的学校、不同的地区，其家庭背景和成长环境及其区域性有很大差别。③ 学习经历差异。学生通过不同渠道进行英语学习，包括家教、课外补习、国外游学等，反映出学习经历的不同。④ 需求差异。学生对于英语学习的需求可分为短期和长期需求、主观和客观需求、内在和外在需求。

以学生为中心的体验性与自主性教学，只有充分考虑以上客观因素，才能发挥其个性化教育作用。英语教学不能只是单纯的应试教育，而应该与英语的未来需求相联系。培养学生的应用技能以及正确运用学习策略是高校英语教学的首要任务。

在体验性与自主性教学活动中，学生的可学性大于教师的可教性。部分学生不但了解了扩大词汇量的途径，而且找到了适合自己的学习方法，这不仅为个性化学习提供客观依据，也体现了学生的可学性。通过这样的教学体验，教师对教学对象有了全新的认识，可以在教学中不断发现和挖掘学生的巨大潜能，从而大力培养他们发现问题、解决问题的能力，而不是教师独自或者替代学生解决学习中遇到的各种问题。

三、教学与体验相结合

体验性与自主性教学强调以学生为中心，确立学生在教学活动中的主体地位，教学模式朝着个性化、自主性学习的方向发展。个人建构理论强调在处理学习任务时，每个人使用不同的个人建构方法。就语言学习而言，每位学习者都具有个人建构，并对个人的学习过程以及学习方法产生不同影响。倡导个性化学习是要创建对个人有积极作用、适合于自己学习的环境，以及易于接受学习内容的良好个人空间。因此，在教学中应该特别尊重学习者个人的学习风格及学习策略，而体验性教学就是反映个人建构主义思想、创建个人学习空间的思想体现。

自主性的学习体现新一代大学生的学习风貌，因此，高校应该在有能力或有条件的情况下，开设可行的体现学生个性化学习的课程，并采用行之有效的体验性教学模式，确保学生更好地进行自主性学习。教师要起到策划、监督、顾问、指导作用，利用已有的知识和经验，启发、激励和影响学生，在学生学习的过程中起到"保驾护航"的作用。教师还应及时了解学生的学习状况，追踪学生的学习动态，迅速反馈学习结果，并通过反馈及时调整教学方式。在开展体验性教学活动中，学生根据学习英语的切身经历和体验，从不同方面揭示出英语语言的学习规律，充分体现学习者在整个学习过程中的参与性和体验性。

四、提高学生的学习自主性

一般而言，大学生已经掌握了基本的词汇和语法知识，积累了一定的学习经验，因此，大学阶段的英语学习已不能停留在原有的词汇和语法知识的传授与学习上，而是应该培养大学生自行管理学习的能力，特别是在整个学习过程中发挥个人潜能，合理做出自我选择，正确做出自我评价以及进行自我补救的能力。

大学生要想真正地变被动学习为主动学习，首先应该学会有计划地安排学习活动，达到自我制定的学习目标，学会运用正确的学习方法与策略，坚定自主学习的成功信念，使语言学习本身变得更容易、更快捷、更愉悦、更有效，进而把所学到的知识更灵活和更广泛地应用到不断发展和变化的社会中。大学生做到自行管理或者主动承担学习责任，可以概括为以下几个方面：① 确定学习目标；② 限定学习内容和学习进度；③ 选择可行的学习方法和技巧；④ 监测习得过程；⑤ 评估所学内容。

在监测学习过程中，要特别注重以下方面：① 产生的问题；② 遗留的问题；③ 解决的问题；④ 希望教师答疑的问题；⑤ 希望同学帮助的问题。了解这些问题有利于教师及时跟踪学生，及时发现问题，协助学生顺利完成自主学习的任务，取得能够自我展示的成果，并呈现出他们希望所能给予展示的方式和范围，包括个人、对子、小组、班级及其他方式。

一般而言，成功的语言学习在很大程度上取决于学生本人在时间、精力上的投入以及对语言学习产生的兴趣和自主学习能力。教师在课堂上单纯地进行知识讲解，无法产生直接的学习效果，显然不利于培养学生独立的学习能力，只会使学生对课堂及教师产生强烈的依赖性，导致学生对语言学习失去兴趣，缺乏学习的自信心，最终失去开发自主学习或自我发展的机会。只有学生能够对自己的学习活动事先做出计划与安排，并对学习过程进行监察、评估、反馈，同时对学习活动进行及时调节、修正和控制，才能充分体现出学习的自主性。

学会和运用学习策略是实现自主性学习的有力保障。自主性学习具有独立性的特点。在学习过程中，如果学生缺乏解决问题的方法或策略，学习活动就不能顺利地进行，制定的学习任务也不能圆满完成。因此，了解和掌握并能熟练运用适当的学习策略，在自主性学习过程中显得极为重要。

学习策略可分为两类：一类是适合于任何学科的一般性策略，包括分解学习目标、管理学习时间、理解学习内容、调控学习情绪、培养学习兴趣等；另一类是适用于某一学科的具体学习策略，如听写、复述、改写、列提纲、作小结、综合概括、画图展示等。具体到语言学习策略上，根据其使用目的，可以分为语言知识学习策略（语音、词汇、语法等）和语言技能发展策略（听力理解、口语表达、阅读理解和写作等）。英国牛津大学的语言学习策略分类，被很多人认为是最容易理解和接受的，并且被广泛应用到语言教学实践中。让学生掌握一定的学习策略，可以减少学习困难，减轻学习负担，大幅度改进和提高学习效果及教学质量，优化学习过程，使学生的自主性得以发展。因此，培养和训练学习者的学习策略是实现自主性学习的有力保障,学生不仅知道学习内容,而且知道怎样学,使学生的自主能力得到强化。总而言之,学生的自主水平越高,学习过程越优化,学习效果越好。

体验性教学尊重个性化的自主性学习,改变传统教学中的师生关系,但是并不意味教学活动的单边化。教师并非退出教学活动舞台,《大学英语课程教学要求》提出应该充分调动教师和学生两个方面的积极性。教师教的过程与学生学的过程应该同步进行,不应该相互阻碍,促使教师与学生之间形成一种新型的互动与协作关系。

个性化学习为教师提供了因材施教的教学空间,使教师更加关注每一个学生,进一步密切了师生关系,使教学更具有灵活性,更加贴近学生学习的实践。师生共同参与教学活动的过程,是师生共同体验教学的过程,也是共同分享教学成果的过程。教师在教学中不仅充分地利用材料,而且极大地丰富了教学内容;学生之间也产生了互动影响,为其他学生提供了有益的学习方法和经验。

尊重和倡导学习的自主性是实现终身教育的重要保障。社会的飞速发展要求人们必须迅速适应变化的环境,只有不断自我发展,才能提高未来的生存能力。因此,现代教育的目标更加注重人的能力和素质的培养,而学校教育要为终身学习提供所需的自主学习能力。

终身教育要求人们必须继续学习,不断更新知识;要求学生必须具有独立于教师或课堂之外的自主学习能力。在大学,学生的语言学习时间较为有限,不能在短期内学到所有的语言知识,为了满足社会发展的需要,使学生今后能够不断学习和更新语言知识,在校期间需要培养学生的自主性学习能力。由于学生之间所存在的个体差异,其中包括语言能力差异、认知风格和认知策略差异、学习动机和学习需求差异等,要求在英语教学实践中不能采用传统方式,而要注重和尊重学生的个体差异,让学生自我了解,进而做到自我发现。

# 第二章　高校英语教学模式的改革与发展

## 第一节　高校英语教学模式的改革

### 一、重视确立新型的高校英语教学模式

为了适应国家和社会发展需要，教育部提出要创新人才培养模式，创新教育教学方法，倡导启发式、探究式、讨论式、参与式教学，激发学生好奇心，发挥学生主动精神，鼓励学生进行创造性思维，改变单纯灌输式的教育方法。要在高校英语教学中采用新的教学模式。新的教学模式应以现代信息技术，特别是网络技术为支撑，使英语的教与学可以在一定程度上不受时间和地点的限制，朝着个性化和自主学习的方向发展，改进以教师讲授为主的单一教学模式。这种新的教学模式应体现英语教学实用性、知识性和趣味性相结合的原则，有利于调动教师和学生两个方面的积极性，尤其要体现学生在教学过程中的主体地位和教师在教学过程中的主导作用。在充分利用现代信息技术的同时，要合理继承传统教学模式中的优秀部分，发挥传统课堂教学的优势。

由于计算机、多媒体和互联网的普及，可获得的教学资源愈来愈丰富，现代信息技术应用在教育和教学领域的重要性日益为人们所认识。目前，随着多媒体和互联网技术的迅猛发展，建构主义的学习理论在我国新课程改革中备受瞩目。建构主义学习理论主张以学生为中心，强调学生是信息加工的主体，是知识意义的主动建构者；认为知识不是由教师灌输的，而是由学习者在一定的情境下通过协作、讨论、交流、互助等学习方式，并借助必要的信息资源由学习者主动建构的。在建构主义学习环境下，"探索式""发现式"与"合作式"的学习过程是学生掌握学科内容的基本途径，也是以学生为中心教学模式中的基本教学形式。

随着计算机、多媒体和互联网等现代信息技术教育应用的飞速发展，建构主义学习理论正愈来愈显示出其强大的生命力，并在世界范围内日益扩大其影响。建构主义之所以能得到迅速推广，主要是因为计算机、多媒体和网络技术等现代信息技术为建构主义学习环境的实现提供了最理想的条件；而建构主义学习理论则为多媒体和互联网在教学中的广泛应用，以及以学生为中心的教学模式的推广提供了坚实的理论基础。在先进的建构主义学习理论的指导下，有利于实现信息技术与课程的整合，能够把以计算机及网络为核心的信

息技术，作为教学环境的创设工具和促进学生学习的认知工具，应用到各学科教学过程中。这就有利于将各种教学资源、教学要素和教学环节进行重新建构，相互融合，提高教学质量，促进传统教学方法的变革。

信息技术与课程整合是我国教育教学改革的一个新途径，与学科教学有着密切的联系和继承性，同时又是具有相对独立性特点的新型教学模式类型。信息技术与课程整合，不是把信息技术仅仅作为辅助"教"或辅助"学"的工具，而是强调要把信息技术作为促进学生自主学习的认知工具和情感激励工具，利用信息技术所提供的自主探索、多重交互、合作学习、资源共享等学习环境，把学生的主动性、积极性充分调动起来，使学生的创新思维与实践能力在整合过程中得到有效的锻炼，这正是所需要的。由此可见，信息技术与课程整合是改变传统教学模式、培养创新型人才的一条有效途径，也是目前国际上教育改革的趋势与潮流。

## 二、重视高校英语教材体系的研究和开发

教材是实现英语课程教学目标的重要材料和手段。教材为学生提供的语言材料是学生学习语言知识和发展语言技能的重要来源，教材中的语言实践活动和练习是学习语言知识和发展语言技能的重要过程和途径。选择和使用合适的教材是完成教学内容和实现教学目标的前提条件，高水平、高质量的教材对教师、学生、教学过程和教学结果都起到积极的作用。

目前，随着高校英语教学改革的深入和推进，高校英语教材体系也发生了翻天覆地的变化。英语教材在内容和形式上更新颖、更先进，而丰富多样的英语教材在推动高校英语课程改革方面发挥了重要作用。与此同时，英语教育界的学者和一线教师对教材的认识也发生了显著的变化。在高校英语改革的过程中，对教材研究重视和感兴趣的学者和教师越来越多。例如，复旦大学在改革传统的高校英语教学内容、实施学术英语教学和专业英语教学的过程中，特别重视对于新课程体系下的英语教材的设计和开发，目前已经出版了一套高等学校专门用途英语（ESP）系列教材，对基于其他类型的课程而设计和编写的系列教材的也在进行过程中。清华大学结合课程的教学，编写和出版了适用于本校教学需要的学术英语系列教材。很多高校还通过与相关出版社合作的形式，共同完成对新教材的编写和出版工作。

高校英语教学改革使得教材格局逐步向开放和自由的方向发展，学校和教师在教材的编写、选择、使用等方面拥有更多的自主权。新的教材制度和格局对广大英语教师和英语教学研究者来说既是机遇又是挑战。为了把握机遇，应对挑战，各大高校应该积极开展有关英语教材的编写、评价、选择和使用等方面的理论和实践研究，挖掘自身潜力，为将来能够在英语教材的编写、选择、使用的过程中发挥应有的作用而创造条件。

## 三、注重改革和完善高校英语测试与评价体系

在对英语教学理念、课程设置、课程教材、教学方法、教学手段等方面深入进行教学改革的同时，很多高校认识到对高校英语测试和教学评价方式的改革也势在必行。高校英语测试与评价体系的配套改革问题，对整个高校英语改革的成败有重要影响。

从高校英语教学整个过程看，健全和完善的高校英语测试和评价体系应该包括起始性、形成性和终结性评价。但是，传统的高校英语教学中往往只关注和普遍接受终结性评价所传递的信息，而这种信息却往往远离教学的实际情况，不能全面而客观地反映教学中存在的问题。目前，很多高校已经意识到终结性评价的不完整性，如忽视学生的学习过程以及他们日常的学习行为表现。由于终结性评价方式是以考试成绩作为最终评价标准，这无疑在某种程度上强化了分数的作用，使得相当一部分学生学习英语的动机和目的就是为了升学或考试。这种工具型的学习动机，显然不易激发学生学习英语的积极性和持久性。同时，这种评价体制也极大地挫伤和遏制了英语教师对语言教学内容和方式进行改革和探索的积极性、能动性和创造性。

很多高校由此认识到，除非改变高校英语测试和教学评价的方式，否则就不可能从根本上改变教学的方法与过程。为了适应高校英语教学改革的需要，不少高校专门成立了测试团队，负责对本校的高校英语测试和评价体系的改革工作。

## 四、重视高校英语师资队伍的建设

教师是教育教学改革的重要媒介，是改革成败的关键因素。优秀的英语教师是英语学习环境下培养优质英语人才的根本条件。有了好的教师，课程可以改革，教材可以更新，教法可以调整，学生可以快速进步。没有合格的教师，再先进的教学理念也会在执行中走形，精品教材也会成为应试的工具，学生的学习兴趣和动力无法保持，最终成为应试教育的牺牲品。教师在教学中的重要作用，是由教学的本质决定的。

在目前高校英语教学改革的过程中，全国各大高校日益重视对英语师资队伍的建设。在聘任制体制下，各高校更加重视候选人的专业功底，而不仅仅关注教学能力和教学技能。同时，也非常重视考查教师的研究能力和团队合作精神，这有利于组建一支高效的教学与科研能力俱佳的师资队伍。在教师管理方面，更加重视对教师教学与科研条件的保障工作和目标验收，注重教师培训和学术交流，不断扩大教师的学术视野，了解学科发展前沿。此外，还积极鼓励教师申请研究课题，加入由科研骨干牵头的、高水平的研究团队，帮助教师进入各自专业的学术研究主流。

## 五、高校英语教学的个性化和特色化日益凸显

传统的高校英语教学已经无法满足新的人才培养目标的需要，因此必须进行改革。在

高校英语教学改革过程中，很多高校在注重保持原来高校英语教学优良传统的同时，也在努力进行大胆的探索与革新，敢于形成新的特色与优势，以适应培养新型的既精通专业又能熟练运用英语的复合型国际人才。很多高校明确提出高校英语教学要朝着个性化和特色化的方向发展，这是和各个高校各不相同的高等教育人才培养目标紧密相关的。此外，我国不少实力较强的综合类大学也逐渐形成了具有自身特色的培养模式。这类大学在明确学校人才培养目标的前提下，根据学校特点制定出相应的高校英语培养目标，然后进行一系列相关的配套改革。例如，复旦大学、清华大学、中国政法大学等高校根据自身研究型大学的定位，确定高校英语教学的主要内容是学术英语，将增强国际学术交流能力作为高校英语教学的重要目标，并通过分级教学实现不同层次学生英语能力的提升。这类培养模式高校英语教学的课时少于第一种专业＋英语的模式，但基本保证了高校英语教学的"四年不断线"，使学生的英语水平在四年的学习中逐步提高。当前的高校英语教学状况处在一个改革变化的时期，这个时期各高校英语教学逐渐开始分化和分流，很多高校的高校英语教学逐渐形成了鲜明的特色与个性。

## 第二节 高校英语教学模式的发展

### 一、"现代型教学"模式

（一）教学观的转变

现代教学观是主张以教师为主导、学生为主体、就业为导向，实现培养目标和培养规格，并以现代新技术为支撑的教学观点。采用以网络技术为依托的实验手段，依靠计算机、多媒体和远程通信技术，对教学内容、教学组织形式进行彻底变革。利用网络教学、双向教学、远程教学拥有的软件资源，开发学生智力，培养自我学习与探索新知识的能力。

现代型教学具有时代的开放性，以现代信息技术为依托，将教学、科研和应用有机结合，以教研促科研，以科研带教研和应用。现代型教学与传统型教学相比具有如下特点。

1. 教学观念的创新性和前瞻性

在教学思想方面，现代型教学比较注重知识的专题性、前沿性、开拓性以及对现状的把握和前瞻，以现代信息技术为依托，重点放在实践教学上，以社会需求和培养应用型人才为目标，以创新为目的。

2. 教学内容的互补性和实用性

现代型教学在高校中是将系统教学与专题研究、理论教学与实验教学、研究与应用紧密结合，教学内容的选取是以社会需求为目标、以技术应用能力的培养为主线，突出实用性，重在培养学生独立发现问题、解决问题的思维和实际操作能力。

3．教学方法的直观性和科学性

现代型教学不仅利用传统的挂图、模型、投影仪等教具，还充分利用现代科学技术手段，充分利用网络、多媒体，综合了计算机、图形、图像处理、电子技术、影视艺术、音乐美术、教育学、心理学、教学法等诸多学科与技术，集文字、图形、图像、声音、视频、影像、动画等各种信息于一体，使抽象、深奥的信息知识简单化、直观化，缩短了客观事物与学生之间的距离，充分调动学生的视觉、听觉，集中学生的注意力，提高学生的掌握知识的能力。

4．教学模式的职业定向性

无论是德国的双元制还是我国的习而学的教学模式或是能力本位的教学模式，现代型的教学都以社会需求为目标，以某一岗位群为目标来组织教学，培养学生的职业能力，因此，具有明确的职业定向性。

5．教学能力的知识性

现代型教学将基础教学与应用教学、传授知识和研究新课题结合起来，并立足于学科的前沿，培养出适应时代的创新人才。

现代型教学要求教师不断更新知识，力求在教学中做到"新、博、独、深、精"。"新"，即用新观念、新思想、新方法，讲授新内容，使学生有耳目一新之感；"博"，即知识渊博，讲授内容广博，信息量大，使学生广学博收；"独"，即用独特的方法，讲授独到的见解，培养学生独立思考、独立研究的能力；"深"，即深入讲授、深入探索、深入研究，有意识地培养学生探索和研究问题的意识以及信息调研的能力；"精"，即精心准备、精心实施、精讲多练，使学生易学、易记、易用。

总之，培养新时代的创新型人才，需要有全新的思想观念、优化的课程体系和高水平的师资队伍，课堂教学要以社会需求为目标。每一位从事高校教育的教师，都必须以提高学生的实际应用能力为目标，认清从传统型教学向现代型教学发展的必然性，从教学观念、教学内容、教学方法、教学模式和教师知识结构等方面深入探究现代型教学及其特点。

（二）现代课程观

教学内容和课程体系的改革应遵循以下基本原则：必须反映当今社会的生产力水平及科技新成果，有利于促进生产力发展；要反映人才培养目标和规格需要；要体现近代文化、科技创新；要精选教学内容，因材施教，以利于学生能力的培养与可持续发展。

课程的设置与内容的选取：以社会需求为目标，以应用能力的培养为主线，设计相应的培养方案，构建相应的课程与教学内容，基础理论课程以应用为目的，实践教学应占有较大的比例，着重培养学生的应用能力。

## （三）教学方法的转变

### 1. 由传统方式向互动式转变

传统教学把重点放在"什么是什么"的事实类知识的传授上，学生只能处于被动的地位，并过分依赖于教师的讲授，缺乏对知识结构的深入探讨。互动式教学是以动态问题为主。启发学生主动思考、积极参与，教师的主导作用是知识的引导与教学的组织，并将教师的主导思想，转化为学生自主的学习行动，从而获得好的教学效果。

### 2. 由封闭式向开放式转变

现代型教学以现代高科技信息技术为依托，将以学校为主的传统封闭式教学转变为开放式教学，通过校园内外的网络开通多媒体教学、空中课堂、网上教学，及时获得新的知识。信息高速公路的实现必将成为最理想的开放式教学手段。

### 3. 由理论教学向实践教学转变

传统教学着重于课堂教学，并强调理论的系统性和完整性。现代型教学则着重于实践课教学，使学生拥有充分的时间进行实训以掌握技术要领，从而提高学生的实践能力。

现代型教学的优点在于采用因材施教的分层次个性化教学手段。由于各大院校大量扩招，导致在校学生人数多，大课教学目前还普遍存在。在此情况下，协同学习是一种很好的弥补方式，通过课堂讨论学习的方式，使学生之间学会交流、合作、竞争，在此基础上积极创新环境，发现学生个性，分层次、分阶段地实施教学，逐步完成因材施教的个别化教学。

## （四）现代型教学的实践模式

在高等教育领域，国际上比较成功的现代型教学实践模式有双元制教学模式、能力本位教学模式和习而学教学模式。

双元制教学模式，即企业与学校合作进行职业教育的模式。受训者既是企业的学徒，又是学校的学生，一身二属，故称"双元制"。受训者接受理论课和实训课两门课，理论课与实训课学时之比为3∶7，理论课可在学校进行，实训期在企业进行，注重受训者的实践技能、技巧的培训。

能力本位教学模式将一般知识、技能、素质与具体职位相结合，以整合能力管理为理论基础，以模块为课程结构的基本特征，以"学"为中心，学习以自主学习的方式来进行。首先对原有的学习能力进行自我认可，确定能力的学习目标，继而进行自学活动，随即在现场进行尝试性能力操作。参照标准进行自我评定，达到全部目标者可获得国家承认的证书和学分。

习而学教学模式提倡边做边学，理论联系实际，学以致用，以达到学习水平和业务水平相互促进、共同提高的目的，培养出来的人才更能适应工作岗位的要求。

## （五）更新教师知识

现代型教学比传统型教学更先进、更进步，其中包括以应用为主的多种形式。要奠定坚实的现代型教学的基础，教师知识的更新是关键。教师要树立继续学习、终身学习的思想。教师不能只满足于现有的知识水平，而应不断学习，更新知识结构，使自己处于学科的前沿。教师还必须承担一些具有创新性的研究课题。通过对课题的研究和探索，丰富自己的专业知识，力争成为本学科的学术骨干。教师也应当深入生产实践，走产、学、研相结合的道路，在生产实践中获得足够的经验，力争成为"双师型"教师。

## 二、高校英语教学模式发展的新趋势

（一）从单一教学模式向多样化教学模式发展

近代教育科学的创始人——德国教育学家赫尔巴特提出"四段论"教学模式，经过其学生的实践和发展逐渐形成了以教师为中心的传统教学模式，这一模式成为20世纪教学模式的主导。之后，杜威打着反传统的旗号，提出了实用主义教学模式。20世纪50年代，有关教学模式的研究一直在"传统"与"反传统"之间来回摆动。20世纪50年代以后，由于新的教学思想层出不穷，再加上新的科学技术革命使教学产生了很大的变化，教学模式出现了"百花齐放、百家争鸣"的繁荣局面。

（二）由归纳型向演绎型教学模式发展

归纳型教学模式重视从经验中进行总结和归纳。它的起点是经验，形成思维的过程是归纳。演绎型教学模式指的是从一种科学理论假设出发，推演出一种教学模式，然后用严密的实验来验证其效用。它的起点是理论假设，形成思维的过程是演绎。归纳型教学模式来自教学实践的，不免有些不确定性，有些地方还不能自圆其说。而演绎型教学模式有一定的理论基础，形成了较为完备的体系，它更加强调教学模式的科学理论基础。演绎型教学模式对我们自觉地运用科学理论，主动设计和建构特定的教学模式以达到预期的教学目的提供了可能。目前，演绎法成为教学模式生成的重要途径。

（三）由以"教"为主向以"学"为主的教学模式发展

传统教学模式都是从教师如何去教这个角度来进行阐述，忽视了学生如何学这个问题。"反传统"教学模式，使人们认识到学生应当是学习的主体，由此开始了以"学"为主的教学模式的研究。随着建构主义等以学生为中心的教学理论的发展，师生在教学过程中的地位和作用发生了深刻的变化。现代教学模式的发展趋势是重视教学活动中学生的主体性，重视学生对教学的参与，教师要根据教学的需要合理设计"教"与"学"的活动，鼓励和帮助学生实现自主性的、探索性的、创造性的学习。

（四）教学模式的技术手段日益现代化

在当代教学模式的研究中，越来越重视引进现代科学技术的新理论和新成果。新的教学模式非常注重将计算机、多媒体和网络等信息技术运用到教学中，有效地将信息技术与课程进行整合，教学条件的科学含量越来越高，充分利用现有的教学条件对教学模式进行全新的设计。

# 第三章　高校英语慕课教学模式的创新

## 第一节　慕课教育的内涵

### 一、慕课教育的概念界定

（一）慕课

慕课，是 MOOC（Massive Open Online Courses，大规模开放在线课程）的中文译名。慕课有多种分类，既有基于行为主义的以知识传授为主的慕课，也有基于关联主义的以建立连通和社交网络为核心的慕课，还有其他类型的慕课。与网络公开课只提供教学视频不同，慕课除了提供教学视频外，还像大多数网络课程一样，有开课和结课时间，提供其他学习资源，布置作业，组织在线交流和讨论，对学生的作业进行评价，组织考试，甚至颁发学习证书和授予学分，具有开放性、大规模性、灵活性等特点。

（二）慕课教育

教育大辞典将"教育"定义为"传递社会生活经验并培养人的社会活动"。不同社会历史阶段，其教育也不同，因为社会生产力和生产关系以及经济基础和上层建筑都是教育的制约因素，根据不同的社会历史阶段，一般将教育纵向分为古代教育、近代教育和现代教育。慕课教育是在现代科学技术和现代教育理念的基础上产生的，故慕课教育应从属于现代教育，是现代教育的一种形式。除此之外，还有人将传统教育和现代教育看作一种特定概念，即把德国教育学家约翰·弗里德里希·赫尔巴特的教育理论称为"传统教育"，美国教育家杜威的教育理论称为"现代教育"。"传统教育"以教材为中心，着重传授；"现代教育"则以学生为中心，着重活动，强调学生的主体性地位和主动性。慕课教育是对现代教育的一种发展，是现代教育的一种形式，主体性地位、自主学习、能力培养、个性化发展等在慕课教育中有很好的体现。那么，什么是慕课教育？对其概念的准确界定是研究的基础。慕课教育，即以关联主义、人本主义和自我教育理论为基础，依托信息化与大数据技术的支持，以问题为中心，在教育者指导下培养学习者学习能力，提高教育效益，促进学习者个性化发展的一种实践活动。慕课教育是一种新的教育形态。

### 二、慕课教育的特征

（一）资源共享性

资源共享性包括两个方面：优秀的教师资源和丰富的学习资源。相较于古代的个别教学和产生于近代资本主义的班级授课制，慕课教育可谓是世界教育史上的巨大革命。

随着互联网的诞生以及教育信息化的发展，慕课、微课、翻转课堂应运而生，以此为载体的慕课教育，借助信息化与大数据技术的支持，让一名教师同时或不同时教数以万计、数以百万计，乃至数以千万计的学生成为可能。

除此之外，关联主义认为，学习是各个节点相互连接形成网络的过程，而不是一个人的活动。通过技术的支持，学习者可以在任何时间、任何地点对问题进行讨论和交流，使学习者之间的联系更为便捷。与此同时，个人的经历以及知识结构可能会成为别人的学习资源，作用于双方的学习网络。

（二）复合学习性

复合又称结合或联合，顾名思义指的是两种或两种以上的事物，复合学习即是两种或多种学习方式的结合。互联网诞生以前，知识获取的渠道一般为教材以及相关的辅助参考书，学习通常发生在课堂上。而互联网以及信息化与大数据技术的支持，使学习不再局限于单一的方式，学习的发生也不再局限于固定的场所和固定的时间。

人本主义强调"人"的作用，认为"人"天生具有自我实现的动机和潜能，力求变成他能变成的样子，即"成为你自己""人成为目的本身，成为一种完美、一个本质、一种存在"。学习者有自我实现的潜能。慕课教育尊重学习者的自我实现潜能，关注学习者的发展，不再采用单一的课堂学习，丰富学习方式，故慕课教育的学习具有复合性。这个复合性包含以下两层含义：

首先，通过网络技术的应用，将学习方式分为线上和线下，两种方式相互结合。线上学习是指学习者利用电脑、微信、微博等移动客户端，通过微课、微视频、慕课等方式学习知识，或基于某一问题通过网络平台进行探讨，给予学习者充分的学习自由。相对于线上学习而言的线下学习，包括课下学生之间的交流以及课上教育者与学习者围绕问题产生的互动等，让学习者主动探究、协调合作、积极表达，也允许出现不同的声音，而非一刀切。线上与线下相互联系、相互结合，线下的讨论离不开线上的学习，线上学习的知识通过线下的互动加深理解，促进内化。

其次，基于学习活动的发生，将学习分为发生在学习者内部的学习和发生在学习者外部的学习，内部学习和外部学习相结合，帮助学习者进行教育活动。关联主义认为，学习不仅仅可以发生在学习者的内部，通过认知、建构等方式完成知识内化，也可以通过学习者之间的相互交流和互动，将知识点与信息源相关联，进行学习活动，而这个过程是动态的和循环的。

（三）自主性

"自主"，顾名思义，自己做主，不受别人支配。从心理学角度讲，自主是指遇事有主见，能对自己的行为负责。人本主义强调人具有自我实现的潜能，学习者具备自我教育的能力，并且提出"促进自我教育的教育才是真正的教育"。

既然学习者具备自我教育的能力，慕课教育所要做的即为发挥学习者自我教育能力，让学习者自己做主，促使其对自己的行为负责。慕课教育的开放性，为学习者提供了自我教育的机会。因为在丰富的教育资源以及获取教育资源渠道多样化的慕课教育环境下，教和学不再局限于特定的时间和特定的地点，学习者需要学会如何在纷繁的教育资源中选取所需的学习资源，更要学会选择适合的学习方式掌控学习节奏。慕课教育中的学习者有较多的自由时间，在完成规定学习的基础上，可以适当地拓宽知识面或加深对于知识的理解程度，这需要学习者对自己的时间有一个良好的规划和管理能力。学习者在借助教育媒体和网络平台进行学习时，更要进行自我监督。学习者自主性的发挥并不意味着脱离教育者，教育者在此过程中扮演的是"导演"，让学习者作为"主角"尽情地去发挥，学习是通过学习者的主动行为发生的，他学到什么取决于他做了什么，而不是教育者做了什么。除此之外，学习者作为个体的社会人而言，终究要独立地面对社会，处理各种复杂的社会问题，这不仅是一个社会问题，更是一个教育问题，而慕课教育自主性的特点正是强调让学习者而非教育者或家长对自己的学习承担责任，这也是学习者学习成功的关键所在。

（四）效益性

效益，顾名思义是效果与利益的总称，较多用于经济领域，指劳动占有、劳动消耗与获得的劳动成果之间的比较。迁移到教育领域的效益大体表现在教与学的付出和收获之间的比重。慕课教育的效益性相较于传统教育而言，主要体现在以问题为中心培养学习者的学习能力方面。对于人来说，生存从来就意味着一连串的挑战。知识的海洋永无尽头，并且在变化速度如此之快的现代社会，知识的更新换代也在加快，教育者和学习者都需要不断地"充电"，以适应这种变化。而"授人以鱼不如授人以渔"，教育者对于学习者的培养重点应该从知识的积累转变为学习能力的提高。学习能力包括学习知识时区别重要信息与非重要信息的能力、学习过程中发现问题的能力以及发现问题后解决问题的能力。慕课教育强调自主性学习，学习者学习知识的时间和地点相对自由，获取知识的途径较多，内容也较为丰富。但在面对大量与所需学习知识相关的周边信息时，并非所有信息都有用，需要学习者做出选择，慕课教育教学的发生和发展以学习者在自主学习中发现的问题为核心，通过问题的解决实现学习者个性化发展。学习者在选择信息、发现问题、解决问题的同时，锻炼了这些能力，随着次数的增长和教育者的帮助，这些能力随即得到提高。

## 三、慕课的主要组成部分

慕课作为网络开放式在线课程，其基础是网络平台，传授者是教师和各方专家学者，教学的内容是在线视频课程，学习者是慕课网络在线平台的注册学员。所以，在线网络平台、课程、教师和学员都是慕课的主要组成部分。

（一）网络平台

网络平台是慕课建立的基础。网络平台为慕课课程资源的展示以及慕课课程参与者之间的交流与沟通提供了可能。慕课网络在线教育平台是基于互联网技术搭建起来的，它对外免费开放，为教师提供授课场所，为学员提供丰富的学习资源，为学员和教师之间、学员之间搭建沟通交流的平台，实现了学习资源的互动共享。除此之外，慕课在线网络平台还提供教学管理和学员学习考核等功能。网络平台是慕课在线网络平台重要的组成部分，是一个巨大的根据地，承载着慕课教育革命的所有使命。慕课网络平台内部也有分类，根据所服务的教育属性不同可分为服务高等教育的慕课平台、服务基础教育的慕课平台、服务职业教育的慕课平台。

（二）网络视频课程

网络视频课程是慕课在线网络平台的核心组成部分。慕课的课程以在线视频的形式进行，即授课教师提前录制好的视频，然后传至网络平台。视频课程的录制基于大学内的传统教学课堂安排，同时也结合互联网的传授特点，通常每一门课程的教学时间是 4~16 周，但是不同课程的节数会不同，授课教师根据教学大纲、教学目标和教学内容来具体安排，课时数一般都不会超过 16 周。每门课程所录制的视频是基于传统 1~2 个小时的课程，按照知识模块来分解成时长 8~15 分钟的微视频。慕课微课堂的设计是为了提高学生学习的自主性，使学生自由把握学习进度，学员只有按教师要求完成一个模块的学习后才可以进入下一个模块的学习。慕课课程的教学结构主要包括短视频、嵌入式小测验、课后测验、结业考试、课程讨论区等。慕课网络课堂嵌入式课程测试与评估的设置不仅可以提高学员的学习参与度，还能激发学员的学习热情，提高教学质量。值得一提的是，慕课网络课堂的所有的课程视频学员都可以下载下来重复观看学习。慕课网络课堂的互动性也极强，在平台上有许多极富生气的讨论区，选择同一门课程的学员聚集于其中互相交流，有些授课教师也会积极参与其中，或者由教学助理将讨论区中学员热议的问题反馈给教师，然后教师再继续集中解答。有的学员不甘于线上谈论，甚至会通过线上约定一定的时间、地点见面讨论学习情况。慕课网络课堂与其他远程教育或在线教育相比，除实现教育资源的优化共享外，更实现了学员与教师以及学员之间的交互沟通，实现了线上课程测试与考核的结合，它建立起了完整的课程结构，大大提升了学习体验和学习质量。

（三）教师

教师是慕课在线网络平台的主导，任课教师通过录制讲课视频来传授知识。慕课课堂的教师和传统教师的职责不同，虽然都是讲课，但是不再是以往在固定教室里面对面地授课了，慕课网络课堂的任课教师必须根据课程安排提前录制讲课视频，设置微课堂的课堂小测，还必须在课后登录网络平台为学员解答疑难问题。慕课网络课堂对任课教师要求很高，不仅要具备专业的知识功底，还需要掌握不同的授课技巧，因为他们要接收全球各个国家、各个阶层的学员，需要获得更多人的信服和认可，只有专业功底扎实、讲授方法新颖独特才可以得到更高的点击率。

## （四）学员

学员是慕课在线网络平台的主体，他们不仅参与课程的讲授环节，还参与课程学习交流、课程测试及考核等各个交互环节，且慕课学员来自全球各个国家，他们的民族不同、语言不同，这些都丰富了慕课网上学习资源的多样性。学员加入慕课也有不同的学习动机、学习需求，有的希望在名师指点下填补知识空白、完善知识结构，而有的仅仅是兴趣爱好；有的是工作之余的学习充电，而有的是真心想接受新知识，不断学习，掌握社会潮流趋势。慕课在线网络平台的学员在整体上呈现高学历、多知识结构的特点。

慕课在基于网络平台、课程、教师和学员的基本构架之外，互联网高新技术、资金投入、相关国家政策支持、高校和教育机构及互联网企业的参与和推动也都是其重要组成部分。不可否认，技术为慕课的发展提供了多方的便捷，网络的普及使得电脑成为生活必需品，人们已经开始接触并习惯于从网络获取新知，而大数据、人工智能、云计算等技术的发展为慕课高效共享教育资源提供了便捷。同时大量资金的投入也是慕课快速发展的一个重要原因，慕课商业化的运作可以吸引更多优质资源，使管理更加规范，运作更加高效。慕课的高效运作也离不开国家政策的大力支持与引导，高校、互联网企业、教育培训机构是慕课快速发展的推动者，在慕课发展的历程中发挥着倡导和参与的积极作用。

## 四、慕课的主要特征

慕课在线网络开放平台面向全球，各个国家、各个阶层的广大社会公众都可以免费参与。作为新型的在线网络教育平台，慕课突破了传统教育传播在空间和时间上的限制，可以实现自主的移动化学习。较以往的网络公开课或远程教育等相比，慕课具有大规模、开放、自主、互动的优点。具体表现如下。

（一）大规模

慕课在线网络教育平台具有大规模的特点，主要体现在参与课程学习的学生数量多、平台数据量巨大、加入慕课的高等院校众多、参与课程教学的教师团队多和可供选择的网络课程众多。众所周知，传统的课堂教学由于教学场地的限制，对参与的人数有一定的要求，但是慕课在线网络课堂的学习者在人数上是没有限制的，全球各个国家、各个阶层的人们，只要想学习，注册慕课在线网络平台就可以选课学习了。慕课为学员提供海量的网络课程，覆盖人文、法律、历史、商业管理、工程、社会科学、计算机科学、公共卫生、人工智能、经济与金融及自然科学等，遍及各个学科、各个领域。

（二）开放性

与传统封闭的课堂教学相比，慕课的学习资源非常开放，面向所有人，不设置限定用户，只需注册慕课网络在线教育平台就可以获取海量的学习资源，自主选择学习内容。慕课平台的入学门槛低，只需要具备上网条件，就可以实现免费、优质、海量课程的在线学习，对学习者的身份没有任何条件限制，也没有类似高等教育考试的筛选机制，学习地点不受限制，学习时间自由调配。慕课优质的教学资源向有学习诉求的广大学子免费开放，慕课打破了大学的"围墙"，使得高校教育资源不再设限，这使得终身学习成为一种可能。慕课平台的学习者不仅可以作为知识的消费者，也可以作为知识的生产者，在消化、吸收知识的基础上整理、创新、分享知识，从而实现开放学习资源的动态式发展。

### （三）自主性

慕课网络课程学习的全流程在网上在线完成，课程运作模式是提前录制讲课视频，然后上传至网络平台供学员观看学习，而学习者必须通过网络进行在线学习。学员的网络在线学习具有很强的自主性，学习的时间和地点不受限制，只要具备一台电脑和顺畅的网络便可随时随地学习，突破了传统课程教学的时空限制和约束，满足了更多用户个性化需求，利于激发学员学习的主动性，提高学习效率。

### （四）互动性

慕课在线网络课堂教学的互动性是区别于传统课堂和以往网络教学的又一特色。慕课开辟了很多的线上交互工具，如网络问答社区、留言板等，使得学员在学习之余可以解答疑难、表达观点、交流思想。学员不仅可以与教师针对课程问题进行沟通，还可以一起分享观点、交流思想、参与论坛讨论。此外慕课与传统课堂的不同之处还在于慕课的"微课程"，仅仅10分钟的短视频，可以充分抓住学员的注意力，学习的效率更佳，也提高了学习热情。

## 第二节 慕课教育的结构

### 一、慕课教育的基本构成要素

#### （一）教育者

"教育者"，简而言之就是从事教育活动的人。内涵决定外延，由于教育的定义不同，对教育者外延的理解也大不相同。基于上述对慕课教育的定义，慕课教育的教育者是指可以促进学习者个性化发展、培养学习者学习能力、提高教育效益的人。而面对教育环境改变所带来的一系列变化，教育者需积极应对。

首先，转变传统观念。"师者，传道授业解惑也。"作为教育者，传道、授业、解惑是其应承担的社会和教育职责，但三者的比重则是不同的。传统教育中的教育者侧重点在于传道和授业。而历史发展到今天，网络的普及、大数据技术的支持以及信息化的发展，知识传授可以通过线上的方式完成，比如微课、慕课等，学习者利用微信、微博等移动客户端自由地选择学习时间和地点，教育者无须再将大部分的时间和精力投入知识的传授中，而是需要将关注点放在解惑,即解答学习者在学习过程中产生的各种疑问,进而促进其个性化发展,达到事半功倍的效果。

其次,加强信息素养。在传统的课堂中,教育者进行知识传授大多借助于老三样:粉笔、书、教材,对于现代信息技术的运用也多数停留在PPT课件上。而在慕课教育的教学中,知识大多以微课或慕课等形式呈现,通过网络让学生进行学习,学习的效果也可以通过网络数据分析得以反馈,那么这就要求教育者除了具备传统的教学能力外,还需掌握音频和视频的制作以及网络客户端等现代信息技术。面对慕课教育,作为主体的教育者应积极学习相关知识,而学校和相关的教育部门也应承担起这个责任。

再次,提升组织能力。建构主义认为知识是学习者在他人的帮助下,通过必要的课程资源的学习,完成意义建构的过程,而非教育者的传授。那么在慕课教育中,学习者已在课前基于自身知识基础选择适合的方式和内容进行学习,课堂上教育者的主要任务是帮助学习者答疑解惑,通过相互交流的方式对所出现的问题进行讨论和探究,最后以解决问题的方式达到内化知识的目的。在这种教学方式下教育者需要提升其课堂组织能力,更好地帮助学习者进行互动,并且引导学习者发现问题、探究问题,最后协作解决问题。

最后,把握角色定位。慕课教育以问题为中心,追求的是探究式的学习方法,在彰显学生主体地位、促进学生个性化发展的同时,对教育者的角色提出了新诉求。慕课教育改变的是教与学的方式,故而随着改变的教育者角色在教育过程中体现得较为明显。以翻转课堂为例,翻转课堂将"课堂讲解+课后作业"的教学形式转变为"课前学习+课堂探究",通过现代教育技术的帮助,学习者在课前自学知识,在课堂上,通过教育者的指导和同伴间的协助完成知识的内化,这意味着教师从传统课堂中的知识传授者变成了学生学习的指导者和支持者。

(二)学习者

一切想学习知识的人都可称之为学习者,无论其有何种学习目的、学习背景或基础。随着技术的发展,进入慕课教育时代,学习方式及可利用的学习媒体和手段都发生了改变,在这种改变下,学习者需做出以下变化:

首先,转变传统观念。观念是人类支配行为的主观意识,人类的行为受行为执行者观念的支配,而观念的形成与转变主要受客观环境的影响。学习者应改变传统观念中"被教育者教育"的身份,把握主动性,围绕问题进行不断探究,促进自身的发展。除此之外,还需转变"学习只能发生在学校中"的观念,慕课教育的网络平台上有大量免费的学习资源,学习时间和地点也相对自由,即便是已经毕业的学生,只要可以上网,学想学的知识将变成一件容易的事情。

其次,加强信息学习。慕课教育的学习资源大多以微课、慕课的形式呈现在网络平台上,所谓获取信息,就是在学习某一知识点的过程中,去粗取精,获取跟这一知识点相关的所有信息。在获取信息时，需要检索信息并确定信息来源，选择最佳的信息来源。处理信息是一个知识综合的过程，要求学习者综合利用各种信息来源，围绕某一问题去创造新的信息，包括对收集的信息进行归纳、分类、鉴别等。这两个过程都需要教育者在实际的教育过程中细致深入地锻炼学习者。而获取信息、处理信息以及遇到问题时与他人的互动交流等，基本上都需要借助网络技术来实现，故网络技术的应用能力也是学习者必备的学习能力之一。

再次，提高自控能力。随着技术的发展，进入慕课教育时代，学习者可以真正实现自定步调。慕课教育的学习资源大多以音频或视频的形式呈现于网络平台，相对于课堂上的"直播"讲授，学习者更容易根据自己的条件把握学习的节奏，他们的双手可以在暂停键、快进键与快退键之间自如切换，根据自己的接受能力与理解程度调整学习进度的快慢。如某些学习者对某一领域的知识已经了如指掌，他们就可以选择迅速浏览甚至直接跳过这部分内容，而另外一些学生可能对学习相同内容感到吃力，则可以选择不断重复这部分知识讲解。这项"福利"是建立在学习者拥有自控能力的基础之上的，因为网络世界缤纷复杂，不仅可以学习知识，还可以休闲娱乐等，当学习者为了学习而打开电脑，但却做着与学习无关的事情，那么即使慕课教育有再大的优势，也无能为力。

（三）教育内容

教育内容是教育者和学习者互动的媒介，也是教育者借以实现教育意图、学习者借以实现发展目标的媒介。教育工作的要旨在于根据一定的教育目的以及学习者身心发展规律，充分有效地利用教育媒介来促使学习者实现最大发展。

线上的教育内容丰富多彩，教育者可以从中选择适合的内容进行使用，也可以自己制作。根据其教学方法的不同，大致可以分为知识讲授型、解题演算型、实验演示型三大类。

第一，知识讲授型。知识讲授型的教育内容主要为既成的事实、规则以及历史已经证明的真理，不需要再去探索和证明，这种教育内容以教育者提前录制好的授课视频为主要表现形式。这是最常见，也是最重要的一种教育内容。

第二，解题演算型。此类教育内容主要适用于对典型例题及习题的讲解、演算过程分析、逻辑推理等，以电子白板、手写演示讲解为主要表现形式。

第三，实验演示型。此类教育内容主要是对实验过程的演示和重难点讲解，可以是教育者在实验室操作实验的现场视频，也可以是利用网络虚拟动画加教育者讲解，适用于学习者在教育者的指导下，使用一定的设备和材料，通过控制条件的操作过程，引起实验对象的某些变化，从观察这些现象的变化中获取新知识或验证知识，在实验类课程中较为常见。

线下的教育内容主要以问题为中心呈现在学校教育的课堂上，其中以翻转课堂为代表。翻转课堂的任务是帮助学生解决问题，面对不同于花大量时间讲授知识的课堂，教师将会发现自己有好多空余的时间，那么空余的这些课堂时间怎么利用？首先，教师可以用5~10分钟的时间简明扼要地带领学生巩固本节课的教学重点。其次，让学生之间共同协作，以解决所遇到的困惑和不解。再次，通过分析网络教学平台收集到的课前问题，教师带领学生在课堂中进行讨论，并分析总结。对于共性问题，即大多数学生都难以理解或容易出错的问题，教师统一讲解；对于个性问题，教师进行"一对一"的辅导或小型教学。最后，学生将学习的成果以小组汇报、比赛、展示会等方式呈现出来。不同学科的教学内容可以视具体情况而定。比如在一节法律课堂上，教师根据之前提供给学生的教学视频，对时下的某一重大事件进行探讨，并对原始文档进行研究。课堂上留给学生充分的时间对此事件进行辩论、演讲，开展模拟法庭，更深入地探讨所学的知识。

（四）教育物资

慕课教育的物资是指慕课教育所借助开展教育活动的各种物质资源，按照作用的不同，可大致分为教育媒体和教育辅助手段。

教育媒体是教育内容的载体，是教育活动中教育者与学习者之间传递信息的工具。教育媒体具有多种形式，如教科书、报刊、黑板、实物标本模型、录音磁带、电视等。随着社会科学技术的发展，教育媒体的形式也越来越丰富。教育内容离不开教育媒体，通过教育媒体的作用，教育内容可被不同的主体所操作，信息也有更多传递和交流的可能。而慕课教育的教育媒体更多与计算机网络相关，一般分为两大类。一类是在制作教学视频时所使用的教育媒体，主要包括屏幕录像软件、PowerPoint、交互式电子白板、绘图工具。另一类是交流互动平台。慕课教育多通过网络来实现，教育者教和学习者学中所遇到的问题或得到的启发需要借助一个平台来进行交流，如在线论坛、博客、在线实验室等，目前已经有不少学校和教育机构致力于此类互动平台的开发。

教育活动的开展除了教育媒体的参与，还需要一些辅助手段，这些辅助手段虽然并非信息传递的载体，但在某种情况下却是必须具备的工具或手段。作为教育辅助手段的微信、录音机、计算机等现都已被用于慕课教育领域。

## 二、慕课教育各要素间的组合关系

在教育活动中，教育要素被各方面条件所制约，制约条件不同，要素所处的地位也不一样，其在教育中发挥作用的方式和程度也存在差异，所构成的组合也相异。依托网络技术和大数据技术的支持，学习既可以发生在线下（现实中的互动交流），也可以发生在线上（在线学习）。慕课教育也是如此，不仅可以在线下进行，也可以在线上开展，线上和线下相辅相成。各要素间的组合关系也因学习发生方式的不同而相异，线上主要包括"三角"结构和"多维网络"结构，线下为"网状"结构。

## (一)线上"三角"和"多维网络"结构

### 1."三角"结构

借助于技术的支撑,慕课教育的课堂教学活动以微课和慕课为载体,教育者对教育内容进行加工,制作成短小的教学视频,并将其组织起来,或者提供相关的学习资源链接,以便于学习者学习。学习者通过移动客户端和网络平台,完成知识的自主学习。在这种情境下,各要素间组合的结构称之为"三角"结构,由教育者、学习者、慕课和微课等载体所构成。慕课教育的教学活动围绕着微课和慕课进行,包括线上的学习与讨论、课程资源的提供与设计等。

在此结构的教育活动中,还应遵循一定的要求和原则。首先,微课、慕课的制作应把握小步子原则和整体原则。微课、慕课是教育者与学习者相互发生作用的中介,其制作和使用应该以学习者的知识基础为起点,将教学内容分解为呈阶梯状的小步子,且两个步子的跨度也应适中。除此之外,在一个个小视频的使用中,还应把握整体原则,注重知识的系统性,关注由知识延伸出的世界观、价值观等对学习者身心发展可能带来的影响,注重教育的整体效果。其次,教育者在使用微课、慕课时,应避免"依赖性"。并非所有的教育内容都适合以微课、慕课的方式呈现,如实验体验、人文情怀等。

### 2."多维网络"结构

行为主义、认知主义、建构主义等大多数学习理论都将学习看作是发生在学习者个体内部的活动,而实际上,学习还可以发生在个体的外部,通过连接各节点,形成一个学习网络,各节点在学习网络中相互作用。发生在学习者外部的学习是慕课教育课堂教学之外线上学习的主要方式,基于此,慕课教育各要素间形成的结构为"多维网络结构"。

"多维网络"结构以节点为基础,注重各节点之间的连接,连接是形成学习网络的关键因素,故在实施过程中,应把握参与和分享的原则。个体的节点虽从属于网络,但其具有很强的自治性,参与与否受个体主观因素的影响较大,假如节点不参与,无法形成连接,那信息间的流动将会受到影响,故节点的参与是多维网络结构得以形成的基础。而将各节点相连接的关键在于分享,个体需要把自己的困惑或经验与他人分享,相互作用,产生碰撞。参与和分享都具有高度的自治性,虽然在实施时会有一定的困难,但两者对多维网络结构的重要性显而易见。

## (二)线下"网状"结构

线下主要发生在学校课堂中,传统教育的要素组合一般是由教师、学生、教育内容三者组成的三角结构。教育内容的编排和组织按照学科的系统性和逻辑性进行,强调知识的完整性。教师和学生作用于教育内容的时间和地点也相对固定,整个教育过程大多发生在学校的课堂中。而教师和学生的关系,由于教育资源的封闭和获取途径的稀少,从教学活动来看,教师处于主动和主体地位,学生相对被动。但从整个教育认识活动来看,教师和学生都是教育认识活动的主体，教育内容是被认识的客体，教师和学生通过教育内容的学习完成整个教育过程。而慕课教育注重技术的开发和应用，大大丰富了教育资源，拓宽了资源的获取途径，同时也使教育内容的载体更加多样化，其要素组合不同于传统教育的三角结构，是由教育者、学习者、教育内容、其他四者组成的以问题为中心展开的"网状"结构。

　　线下的"网状"结构围绕着问题，将教育的各个要素相联系。慕课教育的教育者和学习者是广义上的，不仅包括教师和在校学生，还包括教育工作者、教育管理者、社会成员以及参与教育活动的其他人员。既然慕课教育的活动是以问题为中心展开，那么问题会来自哪儿？其来源有三：第一，利用大数据技术，对学习者先前教育内容的学习进行统计和分析，得出的对于教育内容不理解和困惑的地方；第二，教育者基于多年的从教经验，在进行教学之前预设的问题；第三，教育者和学习者对于日常生活的观察。基于培养学习者核心素养的要求，教育者将打破学科结构，根据问题，对教育内容进行组织和编排，并且在编排的过程中把握"生活化"的原则，以便于学习者更深刻地理解和掌握所学内容。而学习者对于内容的学习方式也更加多样化，借助于丰富多样的教育物资，如在线学习平台、论坛、电子白板、录屏软件等，除了被动地接受，还可以围绕着问题，通过搜索相关的学习资源，进行自主性、探究性、交互性学习。对于结构中的其他因素，包含着多种多样的有利于教育活动开展的未知因素，如社会工作者、教育情境、家长等。例如，在关于法律知识的教育内容方面，教育者可以通过向律师请教一些基本的律法知识，或者请律师讲一些日常生活中所碰到的有趣案例，将其录成视频，帮助学习者对相关的法律知识形成一个全面深入的认识，在这个过程中，律师就是慕课教育结构中的其他因素。

　　"网状"结构以问题为中心展开，故在其实施中，所遵循的原则也应基于问题。首先，学习者的问题意识。问题是此结构中教育活动开展的中心，学习者是教育活动的主体之一，教育者要相信学习者具有自我实现的潜能，培养学习者发现问题、解决问题的意识，并提高其能力。其次，教育者的问题指导。在学习者遇到问题和障碍时，教育者应把握"指导"原则，帮助和引导学习者解决问题、扫除障碍，而非"代劳"，直接告诉其答案。

## 三、慕课的影响

　　慕课作为新型教育发展模式，正在日益冲击着传统教育，给学生、教师和学校都带来重大的影响，也在进一步冲击传统教育的改革。越来越多的高校加入全球慕课在线教育平台，慕课已经对当今世界教育发挥着重要的作用与影响，成为教育改革的新方向，在教育平等性上毫无疑问地推动着世界教育的发展进程。

　　（一）慕课对学生的影响

　　传统教育模式下，学生只能通过高考，且考试通过才可以获得高等教育，而那些落榜的考生便无缘优质的高等教育资源,教育的公平性也一直没有实现。但是在慕课网络课堂,学生只需要拥有电脑和网络,在慕课网上在线学习平台上注册,就可以尽情地获取各式优质学习资源,自由地选择学习课程,选修学分,修满足够的学分还可以顺利毕业,拿到心仪学校的毕业证。这些在传统教育模式下是不可能实现的。慕课打破传统教育的封锁,使学生由被动学习变成积极自主地选课学习,学习主动性和效率大大提升。另外,慕课平台的教学管理也相对严格,学员选课后要想得到相应学分,必须严格按照规定完成学习任务,类似学员作业的相互批改、小组合作等都提高了学员的参与度,加强了学员的自我学习管理,对学生自身也有了更高的要求。慕课的线上学习评价系统也相当完备,加之高科技信息技术的协助,慕课在线网络课堂对学员的自我教育、自我管理、自我激励、自我约束等方面会有更大的提升。

（二）慕课对教师的影响

慕课在线网络课堂对教师群体产生重大影响,对教师的教学水平和综合素质提出更高要求。慕课网络课堂将传统以教师为中心的教学模式转变为以学生互动、研讨为核心的对话式教学,学生的主体性、自主性得到彰显,而教师也将被置于一个公开、平等的舞台上,接受全国社会各界乃至全球广大学习者的评价,这无疑给教师带来了压力。在新型网络教学模式下,学生自主在课前通过慕课在线网络观看教学视频,完成学习任务,而在课堂上更多的是参与话题设置,与教师、同学交流研讨等,教室变身为师生间深度知识探究、实践的场所。同时慕课教学模式下多向式的互动改变了传统师生关系,维系了师生间"亦师亦友"的美好情谊。

对于慕课网络教学模式下的一系列新挑战,高校教师不能否定、回避和排斥,应该积极应对。一要提高自身学习能力和信息素养,适应时代发展的需要。高校教师应该高度关注慕课的发展进程和新的资讯,同时学习先进的网络信息技术,熟练运用新媒体,积极参与网络课程的录制等。二要提高教学能力。高校教师要适应慕课教学模式下的开放性课堂,对于课堂互动性的设置也要提供新的解决方案,转变教育观念,改变传统课堂教学方式,提高教学技能。三要提高科研能力。慕课教学,才可以在网络平台上受到欢迎和认叫模式下的课程是公开开放资源,只有优质的课程才可以获得大众的认可。高校教师必须提高科研实力,注重整个教学团队建设,不断提供丰富优质的教学资源并努力打造精品课堂以供慕课平台的检验。在当下,教师参与慕课革命志在必行,慕课网络课程优质资源离不开整个高校教师团队的协同推进,只有大家目标统一,共同协作,才会实现课程资源源源不断的优质供给。

（三）慕课对学校的影响

慕课的出现打破了高等教育垄断优质教学资源的局面。面对慕课网络平台的猛烈冲击,传统高校绝对不能回避,不能置身事外,必须高度重视并积极应对,主动参与,并将自身弱势转换为机遇，创新教育教学模式，实现高校优质教育资源共享。首先，各大高校必须要加强网络信息建设，主要针对的是硬件的信息化和人才自身信息化能力建设。高校应该推进建设数字化、智慧化校园，打造校园慕课平台，推进自身优质教学资源的国际化宣传推广。高校间可以强强联手，一起构建高校共享联盟，将资源聚合，实现优质课程教学资源的开发和共享。其次，高校必须改革教学模式。传统高校在授课中可以设置更多互动研讨的环节，借助新媒体技术来使知识得到更加生动形象的表述，提高课堂教学实效性，为高校教育教学改革提供新的思考。

## 第三节　慕课教育的发展趋势

### 一、教育组织形式

#### （一）课程内容的综合化

慕课教育的学习分为两种方式：发生在学习者内部的学习和发生在学习者外部的学习。内部学习主要是学习者跟着教育者学习，在这个过程中，除了传统的接受式的学习，也包括自主学习、协作学习等，但教育者是贯穿整个学习过程的重要角色，帮助学习者更好地完成知识内化和思维培养。外部学习相对更轻松自由，整个过程完全由参与学习的个体所把控，基于兴趣或疑惑同全世界的人们进行交流，参与者既可以是教师，也可以是医生，还可以是警察等，我们将之统称为学习者。而无论是内部学习还是外部学习，其课程内容的组织形式都需要由学科化向综合化方向发展。

传统教育中，课程是教师传授知识的主要依据，也是学生学习知识的重要工具。课程内容一般依照学科逻辑结构进行编排和组织，便于学生接受系统的知识学习。课程组织包括诸多要素，涉及课程目标、课程内容、课程类型、课程实施以及课程评价等。在大数据和教育技术盛行的慕课教育时代，只围绕着书本知识的课程目标和课程内容将满足不了学习者的学习需求，更不符合学习者的学习方式。因为课堂不再是学习者获取知识的唯一途径，课程内容也不再是知识的唯一载体。面对此种教育现状，学习者需要的不仅仅是知识，更需要的是获取知识的能力、选择知识的能力以及自主学习的能力。故慕课教育将培养学生的学习能力放在课程目标的首位，但这并不意味着知识技能不重要，而是在学习必备的知识技能和文化修养的同时，更注重培养学生的学习能力，其中学生的学习兴趣尤其重要。学生的学习兴趣一般从好奇心开始，众所周知，好奇心是儿童的天性，慕课教育所要做的就是保护儿童的好奇心。在知识的内部学习中，教育者需要做的是，通过学习者的知识需求，形成一个问题网络，由学习者自主地在众多课程资源中有目的地进行选择，完成问题探究。这样在保护学生好奇心的同时，也培养了其独立思考的能力和解决问题的能力。

### (二) 教学形式的个别化

慕课教育强调学习者的自主性和主动性,给予学习者相对自由的思考空间和学习空间,但并非所有的学习者都具备自主学习的能力,对于基础教育领域的学习者,其身心各方面的发展尚不完善,自主学习能力、时间管理能力、自我调控能力等仍需培养,故在基础教育阶段,正式的制度化教育仍是慕课教育的主体。那么在这个阶段,慕课教育的教育者以何种形式把学习者组织起来,并通过何种形式与之发生联系?教学活动如何安排?教学时间如何规定和分配?集体中的个别化教学可能较为符合慕课教育的理念和学习者的学习方式。

教学组织形式大致可以分为两种:个别教学制和集体教学制。个别教学制是历史上出现最早的教学组织形式,其优点在于教师可以根据学生的特点因材施教,使教学内容、教学进度适合于每一个学生的基本状况。也正因为这种师生之间一对一的教学组织形式,使得教师无法在有限的时间内有效地影响更多的学生,使得个别教学只能处于低效率、小规模、慢速度的状态,并且学生之间难以相互观摩、共同成长。集体教学制以班级授课制为代表。相较于个别教学,班级授课制具有高效、经济、规范等优点,也有利于学生在集体中相互切磋与启发。但它本身也存在先天的不足,如统一的教学进度难以照顾学生的个别差异,教学活动多由教师做主,不利于发挥学生的主动性等。

### (三) 管理取向的问题化

社会的进步、教育的发展通常与新技术的出现相联系。没有印刷术的发明,就很难有班级授课制的诞生。同样,如果没有现代数字化技术与大数据分析的支持,以问题为中心,强调个性化学习与终身学习相统一的慕课教育也很难实现。问题贯穿于慕课教育活动的各个环节以及方方面面,教育管理形式当然也不例外。慕课教育管理形式以问题为中心,组织学习者进行学习活动,问题主要包括学习者的兴趣和疑惑。以问题为中心的教育管理形式可能朝着两种方向发展:一种是对传统教育学校管理的改良;另一种是网络平台(如学习社区、BBS 等)的自由管理形式。

## 二、教育评价

### (一) 评价方式的多样化

关于教育评价的方式大致可分为相对评价、绝对评价和个体内差异评价。教育评价的方式由教育评价的目的和功能所决定,教育评价目的改变,其评价方式也随之改变。教育评价的目的和功能各种各样,如为了改进的形成性功能,为了选拔、鉴定和教学核定的总结性功能,为了激励和增强意识的心理或社会政治功能,执行权威的行政管理功能等。虽然教育评价的方式有三种,但传统教育的评价方式比较单一,以绝对评价为主,重视学生的分数和成绩，追求升学率和少数学生的发展，这也导致了教育评价功能的单一性：为了选拔、鉴定和教学核定的总结性功能。慕课教育的评价方式依旧采用上述的三种方式，但与传统教育不同的是，慕课教育将三种评价方式综合起来，相互结合使用，发挥各自的优势，因为慕课教育的目的与传统教育相异，强调的是学习者的学习能力和个性化发展。除此之外，在慕课教育的评价过程中，会使用多种多样的网络评价软件，充分发挥教育技术的作用。比如在学习新内容之前，通过网络技术对学习者的能力、基础等进行辨别和评分，对于不具备学习新内容条件的学习者，一方面予以补缺，另一方面将之分置于能力较低的班组；对于已掌握新课程教学目标的学习者，为其确定合适的教学起点，使之对所学内容不至于感到厌烦或没兴趣。之后利用相对性评价，根据学习者在学习过程中的表现，测定学习者掌握知识的程度，帮助学生将注意力集中到要达到的掌握知识的程度上。最后对每个学习者的各方面学习情况进行总结分析，分析时从两个方面进行：一是比较学习者的过去和现在，例如比较学习者的期中考试成绩和期末考试成绩；二是比较学习者的几个侧面，例如英语水平可以从语言、语法、词汇、阅读、写作等几个方面来考查，考查之后发现其在哪方面较好一些，哪方面较差一些。绝对评价、相对评价和个体内差异评价的结合，可以促进教育者更准确地掌握学习者的信息，同时也使学习者更了解自己。

（二）评价内容的能力取向

一直以来，教育评价内容围绕着过程和结果来进行。以泰勒为代表的目标评价模式，强调教育的评价应以目标的实现程度作为依据，主张先制定目标，然后再根据制定好的目标来选择和组织学习经验，最后对目标实现的程度进行评价。这种模式简单明了、逻辑严密且层次分明，易被掌握和运用，但回避了教育的价值问题，只重视了对"结果"的评价而忽视了对过程的评价。之后许多教育家进行反思和探索，如CIPP模式、目标游离模式、应答模式等。

传统教育的评价内容以目标的实现程度为主，这并非不好的举措，关键在于目标的确定是否符合教师和学生的发展需要。而随着社会的变化和发展，以及学习方式的改变，传统教育以课堂知识的完成程度作为目标略显狭窄和不妥。慕课教育的目标不同于传统教育的目标，而目标的改变也必然带来教育评价内容的改变，在信息化社会大背景下，慕课教育认为，掌握知识不如拥有学习能力和批判性、创造性思维。"教，是为了不教"，任何发展都是学习者的自我发展，学习终究是学习者自己的事情，所以在开放教育的时代，学习者必须学会正确地观察和分析各种事物，对大量流通的信息进行筛选，分清主次、辨别真伪，形成批判意识，以及对信息进行深层次加工和利用的能力。这就是慕课教育的目标，即慕课教育的评价内容。

（三）评价主体的多元性

评价可分为自我评价和他人评价两大类。评价主体就是主导评价活动的人或团体，具体可分为三层：一是决策者和管理层，包括教育行政部门和评价专家等；二是教师层，包括学科带头人、备课组长和任课教师等；三是学生层。在传统教育中，教育评价的主体表现为自上而下的"单向性"，即如若评价对象是教师，则评价主体为学校的行政管理部门，若评价对象为学生，则评价主体为教师，作为评价对象的教师和学生几乎处于被动地位，很少有参与的机会。而在慕课教育的评价过程中，其主体大致也是上述三层，但摆脱单一，向多元化方向发展，将自我评价与他人评价相结合，在自评的基础上进行他评，以保证评价的客观性和准确性；然后根据他评来进一步进行自评，综合发挥两种评价的优势。且评价的指向为"多向性"，教师与学生可以相互评价，教师不仅可以评价学生，学生也可以评价教师，而且学生的评价将会对教师产生重要影响。慕课教育与传统教育的最大不同是，其通过教育技术的应用，使学生自己可以看到整个评价的过程，包括评价标准、评价内容、评价结果等，使评价过程更加透明化，更突出了学生的评价主体地位。

## 三、慕课对教育的启示

（一）学习本源的回归

在过去，传统教学陷入尴尬的境地：教师主导地位过强以至于学生主体地位的被忽视，学生被戏称为"考试专家"，而创新能力却极度匮乏。在对这一系列问题进行反思时，现代教育理论开始重探教师与学生、学生与教材、学生和学生以及学生个体发展与创新能力发展之间的关系。经过多年的研究和实践证明：教学的中心和重心是学生，教育和教学的根本目的是促进学生个体的全面发展，要想确保学生的主体性就要将教学的重心真正地转移到学生身上来，这不仅仅是重心的转移，而是学习本源的回归。无论是包括中国在内的世界许多国家都在实施的翻转课堂还是现在红透半边天的慕课都印证了现代教学本源向学生回归这一大趋势。在教学活动中，学生是学习的主体，是积极的学习者，而不是被动的学习者。学生的学习过程就是知识因个体差异而内化的过程以及主体选择和重建的过程。从社会要求学生学什么，到学生自己想要学什么，这是学生观的重大转变。

（二）信息技术与教育的深度融合

信息技术在教育领域发挥的作用不只是局限于教学方法、教学手段和教学模式等方面的创新，更重要的是科技的力量逐渐地改变了人们的学习行为和学习方式。现代信息技术打破了人们学习时空的界限和物理环境的阻隔；改变了教师的教和学生的学；大量的图书馆、资料室、机关企业在互联网上织就成了一张巨大的信息网，在极大地丰富了学习资源的同时又大幅度地提高了人们学习活动的效率和效能。同时，网络教育教学又为人类实现终身学习提供了一种简单有效的方法和途径。在此以前，你很难想象得到在家里学习就可以拿到外国名牌大学的学分和结业证书，即使你此刻正身处于一个小村庄。

## （三）教师和学生之间的双赢发展

### 1. 教师

慕课教学模式为教师教学提供了很多值得参考的经验。

第一，在新的教学形势的要求下，传统老旧的教学方法和教学技能已经远远落后于时代发展的要求了。在信息时代，教师要积极地转变自己的能力结构，不仅要有过硬的学科能力和教育学的相关能力，还要具备运用和处理信息的能力、教学研究能力和终身学习的能力。

第二，网络教学与传统的教学相比，省去了很多开场语和教学中维持教学秩序的语言，力求做到语言精练。所以说，在网络教学模式下，教师要比平常更加精雕细刻自己的用语，如何能够在较短的时间内抓住所有网络学生的注意力这可不是做做表面功夫就能完成的，这需要教师长期的自我教学反思，总结经验。

第三，网络教学的教学内容相对传统的教材来说要更加开放，可以在教学过程中加入最新的科研知识或者最新学术动态，甚至是一堂课教师只讲授新知识而书本上已有的知识只作为课前的基础阅读。有的教师还将课堂搬出教室走进自然或者实验室，让学生能更加直观地学习知识。所以说像过去那样教师只需备好教材就能讲好一堂课就变得不现实了。在新形式的要求下，教师要不断地充实自己，不断地更新知识，从而做到更多的输出。同时，教师还要调整教学方式以便最大限度地适应不同学生的学习习惯。为了准备一堂慕课，教师可能要比平时多花上百小时去查找资料、做课前准备并且还要用吸引人的方式讲授出来。虽然这一过程很艰辛，但是对自身的提高作用却很大。

第四，在大数据时代，信息技术会为提高教师的教学效率提供不可忽视的技术支持。一门慕课的选课人数少则成千上万多则可以达到几十万，这就为采集和分析学生数据提供了大规模的样本，以便使教师的教学更具有效性、针对性。

### 2. 学生

时代的快速发展使得传统教学陷入尴尬的境地：一方面是知识的快速增长使学生需要学的知识在不断地增加；另一方面，为了减轻学生学习负担，即使在知识量猛增的前提下，也不能增加学生的学习时间。怎样缓解这种矛盾？从世界各国的教育改革趋势上看，教育要从单纯的传授知识过渡到在传授知识的同时培养学生的自主学习和探究能力以及自主创新能力。这时学生就从被动接受知识的容器变为自主构建知识的主体，而互联网上丰富的课程资源为这种转变提供了强大的需求支持。与此同时，方便的资源获取渠道又为学生的选择性学习提供了更为广阔的发展平台，还为学生的网络学习提供了发展以及开放性的学习环境。让学生在学习知识的同时，学会如何学习、如何构建和更新知识框架。在信息时代，学生还要具备信息素养，即在纷繁复杂的网络环境中，怎样使用有效的手段来收集、分析、交流和创新信息，并形成健康的世界观、人生观、价值观。

## （四）混合式教学模式的前景广阔

从教与学两个方面来讲，混合式教学模式就是结合了面对面教学的传统的授受式教学模式以及互联网上的网络教学模式。它不是两种教学模式的简单相加而是两种教学模式各个部分的有机融合。这种融合包括了五个方面：学习论理的融合、学习资源的融合、学习环境的融合、学习方式的融合以及学习风格的融合。

### 1. 学习理论的融合

现如今教育理论和学习理论流派众多，每一个流派都有其优势和不足。目前，教育学领域内尚且没有形成一种万能的理论。所以说在实际的教学实践中，要运用多种不同的理论来指导教学实践。

### 2. 学习资源的融合

科技的发达给学习者带来了丰富的学习资源，除了教材与网络，手机上网的普及给学习者提供了更为丰富和广阔的资源平台。

### 3. 学习环境的融合

学习者不但可以在现实的教室里学习，还可以在虚拟的网络课堂中畅游知识的海洋。

### 4. 学习方式的融合

课堂中的讲授讨论、学习者自行组织的课下见面会、线上学习等，让持有不同学习目的的学习者可以通过不同的学习方式来达到自己的目的。

### 5. 学习风格的融合

不同的教学模式可以调动学习者不同的感官，从而让学习者形成不同的学习体验。

# 第四节　慕课教学模式的优势及影响

## 一、慕课教学模式的优势

### （一）大规模性

第一，就学生规模而言，慕课使受教育群体的数量产生了井喷式的发展。

第二，大量高校参与慕课平台之中。

第三，教师以团队方式参与课程教学也是慕课大规模性的一种体现。慕课需制作大量的课件、视频置于网络，对学员疑问适时予以解答，并有效地组织协调受教育者在学习社区中进行互动，引导其如期完成教学任务，实乃一项系统工程，绝非一己之力所能及也。

第四，提供丰富的网络课程，给予学员较大选择空间也是慕课大规模性的一种体现。

### （二）开放性

慕课教学模式的开放性主要表现在以下几个方面：

首先，慕课教学模式的开放性体现在对于受教育群体的全面开放，将"有教无类"这一思想真实地嵌入教学实践当中。在传统的教育模式中，文化差异、种族、地域、年龄等因素都可能成为学习壁垒或屏障，而在慕课教学模式下，这些人们学习的障碍都将被一一破除。

其次，开放性也意味着高质量的教学内容。教师将录制好的教学视频上传至慕课平台，并接受来自全社会、同行业和各种受教育者的检验和监督。这就使得课程的优劣与教师的个人声誉以及学校声誉直接相关。杜克大学的罗恩·布莱德（Ron Blade）就坦言，在其拍摄教学视频期间，为了有差别地应对水平参差不齐的学生，他本人不得不反复斟酌，仔细推敲教学讲稿，这一过程也使其教学水平达到了近十年来的巅峰状态。他甚至认为他的网络课程要比校内授课版本更为严谨，要求更为严苛。而且，在线学员多为自由、自主学习者，享有更多的课业选择、退出权力，学员的退出投票机制使其对课程质量的评估更加直观。也可以说注册数、能见度、曝光率就是课程质量的试金石，借此，时时敦促教师不断提高课程质量。

最后，慕课教学模式的开放性究其根本在于教育理念的开放。美国实用主义哲学家杜威就曾尖锐地指出"一切的浪费都是由于彼此的隔阂"。而直至今日，国家间、学校间、区域间、组织间、学科间的隔阂仍然比比皆是。但是慕课教学模式及其所传递的利他主义精神和知识公益精神为当前的教育理念转变提供了新的方向，为知识的传递及资源的利用提供了一片坦途。

### （三）无时空限制

无时空限制作为慕课课程的基本特点之一，首先意味着教育的实施者和发起者可以将教学内容、课程与资源不受时间空间限制地上传至网络平台。随着网络信息技术的进步与革新，上传手段和内容方式也更加多样、更加迅捷，这有利于网络平台知识的适时更新。

其次，有利于破除学习者的学习空间和时间障碍。这也就意味着所有具备上网条件之人，皆可不受时空限制，依照自己的兴趣爱好和生活节奏开展学习活动，并及时得到学习反馈。这是一种充分利用在线双向交互特点，支持教育者与受教育者之间无间隙在线学习与互动的教学模式，优于早期线上课程、远程教学及其他形式多媒体课程，改变了以往的网络课程单向提供资源的弊端。

最后，无时空限制还意味着通过网络，可以准确地了解学习者的学习过程，从而在大数据分析的基础上，正确掌握学习者的学习情况，跟踪其学习进程，探寻学习过程中所普遍存在的学习与认知规律。在慕课平台中心的构建过程中，通过数据资料的汇总，学习者对不同知识点的反应将被放大和发现，这将有利于深入研究认知科学，归纳行为科学的教与学的规律，也有助于提高学生的学习质量与学习效率。

### （四）以学生为本

慕课教学模式首先在课程的组织方面强调"Flipped Classroom"（翻转课堂），即将课内课外师生教学在时间上重新进行安排。在"Flipped Classroom"模式中,提倡让学生线上、线下,以自学或协作方式对教师预留内容进行学习,并针对学习疑虑提问,以此替代传统的课外时间让学生做作业的学习方式;课堂时间则由教师讲授知识转变为由教师引导学生互动讨论或进行问题答疑,从而将课堂中教师的主导权转移给学生,真正实现"学本位"的学习。

其次,慕课教学模式强调重组课程的内容。各学科专业领域的权威教育者可以将先行编制的多样化教学资料上传至慕课平台,这些资源设计之初未必相互关联,可以作为单独的学习单元,也可依照一定的目的、逻辑和意义进行排列组合,以此形成学习目标各异的学习单元集,从而实现课程资源的合理利用。

再次,慕课教学模式强调众包交互的课程学习方式。大量的学习者在慕课平台下构成了共同解决线上未知问题的"群众",他们在现实或虚拟社区中协同互助,展开学习讨论活动,共同解决问题。学习者以多种方式在慕课平台中进行互动,其收获也许远比在教室中的多。而且,通过这种众包交互的课程学习方式,学习转化为一个高度个性化的主动建构过程,并会推动终身学习的普及。

最后,慕课教学模式也创新了课程评价方式。研究证明,学习者相互批改作业在统计意义上与教师批改作业的分数几近吻合,因而,在适当的管理下,学员互评在面对巨量的线上学生作业评阅需要时,将是一种非常有效的课程测评策略。同时随着网络技术的不断发展,以及数据的不断整合完善,慕课平台的程序编订也逐步满足多种复杂程度不一的作业评阅需求。

(五)高效率

"大数据"作为炙手可热的流行词汇在教育界也颇受关注。比如目前以关注学习过程为核心的学习分析研究已经成为一个研究热点。教育大数据成为趋势,学习数字化,合理应用教育数据,综合分析学习过程中的各项数据,并以此为据提供针对性强的学习建议和学习策略,在这一方面,慕课走在了前列。

(六)教育管理模式的创新

1. "管理"的创新

平台的管理层、决策层。新时期的创业团队在管理的基础上有更鲜明的活力,不仅要对当前的在线教育模式进行全方位的审视,还要针对新的发展方向,积极寻求各方面的合作伙伴,构建强大的在线教育服务创新同盟。这与传统的教育机构封闭独立的运行模式截然不同,我国高校之间管理层的合作呈现一种谨小慎微的态度,在对MOOC有了相对全面的分析之后,制定符合新时期科技创业型企业的运维模式。

2. "教"的创新

"教"已经不再是教师一个人的问题了,传统高等教育将教的过程交给了教师,由教师来负责所有的教学工作和管理工作，仅有助教可以承担一些跑腿的事情，比如收发作业、监考、作业批改（而且作业的批改一般由更高水平的学生负责，例如研究生批改本科生的作业）等。在新的慕课时代，"教"是一个团队的共同合作，慕课平台的"教"包含了高质量的视频、在线的疑难点讲解、详细的学生学习成果评估等。教师本人仍然是这门课程的灵魂，但其精力可以完全放在教学内容上，而其他的工作，如学生的上课管理、教学设施的基本条件等可以交给平台的信息系统自动完成，视频现场的录制、视觉效果的调整、后期的制作这类工作则由视频制作团队来完成。如果把一门课程比作电影拍摄，那么教师就是导演＋演员，摄影、制作、整理、特效、化妆等部门全部由辅助人员来承担。

3. "学"的创新

学生的在线学习过程发生根本的转变。学生只要花几分钟的时间在平台的信息系统上完成注册和选课，就可以开始免费体验世界顶级名校、顶级教授的精品课程。

4. "教""学""管理"创新的融合沟通

"教""学""管理"，这些要素在现实中并不是单独存在的，其相互影响、相互依存的关系是整个教育体系的基石。

"教"的质量可以反映教师团队的水平，使"学"能够获得更好的效果，而"学"的积极性，则会影响"教"的成就感和未来的发展，两者自古以来就是相辅相成的关系。而在网络时代，教师和学习者是不会见面的，"管理"则为双方创造了更方便快捷的沟通渠道，留言频道、在线聊天、论坛等都是符合当前网络特征的交流方式。在实际的管理过程中，"教"应该响应管理的规则，提供的课程应该符合要求一直保持并不断提高自身的水准。大量的教学团队、更多的学习者加盟平台，会促进平台向更广阔的空间发展，直接的影响是增加课程的数量和用户数量，使平台的影响力、市值、规模迅速增长，也保持可持续健康发展的原动力。

5. 高度信息化

得益于高度信息化的管理流程，基于互联网的慕课体系相对高等教育的面授模式显得更生动、高效。工程师将新颖的人性化设计、灵活的功能融入平台中，使用户的操作更加的简单，不断地设计并加入新的功能，使学生的学习方法更科学，节约用户的时间和精力，同时他们保障平台的稳定运行，提高用户体验。更加智能化的是：大量耗费人力精力的统计、管理、分配工作已经可以由计算机信息系统来处理了，并且这个过程是自动化和模式化的，不需要人工的干预，管理人员只需要制定规则和处理异常情况，例如从学生的课程申请，到视频的播放，学习进度的管理，在线测验、阅卷、打分等都由信息系统来完成，这极大地减少了教学管理团队的工作量，并且随着上课人数的增加，这个效果尤为明显。

## 二、慕课教学模式带来的影响

### (一) 慕课对国际高等教育教学管理制度的影响

毋庸置疑,慕课由于其自身的特点,它可以使任何人在任何时间、任何地点获得任何知识,这些优势使慕课以爆炸式的速度超越国界蔓延开来。因此,国与国之间、国内各高校之间无形的教育藩篱必将被慕课击破。

### (二) 对高等教育教学模式的挑战

慕课根植于传统之中,却又不是传统课程的复制,它具有传统课程不具备的新的特点。而且,处于网络环境中的慕课比传统课堂的课程容纳量要大很多。它将全球顶尖大学的优质课程资源网罗在一起,并以极低廉的成本向所有有学习意向的群体开放,这对仍是以传统的讲授教学模式为主体的高等教育课堂形成很大的挑战。当学习者能够在网络平台上免费获得更为优质的课程资源,结识知识更为渊博且风趣幽默的讲师,甚至在论坛结交到志同道合的友伴时,他们必定会在二者之间做出比较和选择。由此,当学习者可以自由选择自己愿意参加的课程的时候,高等教育的传统教学模式注定会受到作为知识的消费者的学生的冲击。

### (三) 促进高等院校的合作与竞争

传统的高等教育源于各高校不同的地理区位,往往各自为政,开放程度不高,国际化的体现往往局限于互派交换生、跨国人才交流或者科研合作等。

米歇尔·巴伯这样评价这种趋势:今天的形势是数字技术在逼迫教学的发展,高校在网络课程领域不进则退。数字技术是高校保有竞争力的必然选择。在高等院校打破自身的"城墙",开始寻求开放式的发展时,与其他高校的合作与竞争便一直是需要关注的主题。

### (四) 促使高等教育为终身教育服务

在高等教育领域,终身教育一直是研究者关注的话题。不过,虽然目前关于终身教育的理论研究有很多,但是终身教育的实践仍然受到不同程度的限制,发展规模有限,影响力也不大。很多的高等院校除了一些继续教育学院和函授课程站点等具有继续教育和远程教育性质的机构在运行之外,并没有更有效地实践终身教育理念的场所。

终身教育是面向所有人、包括所有内容的教育,它没有特定的接受人群,既可以看作是正规教育的延续,也可以看作是正规教育的准备或者补充。就像朗格朗提到的那样,它是持续的、贯穿一生的珍贵过程。从某种意义上说,终身教育是无所不包的,只要有助于人的完善和发展,都可以当作是终身教育的一部分。而处于网络环境中的具有大规模且免费特征的慕课,几乎可以满足高等教育推行终身教育的大部分要求。

从学习对象范围上看,慕课面对的学习对象没有特定的指向性,也就是说,只要懂得使用电脑,拥有能连接互联网的设备,慕课可以为所有人提供他们想要的教育。而且相对于很多的继续教育机构和远程教育而言，慕课几乎没有学历门槛，也不需要学习者支付高昂的学习费用。这给那些有学习意愿却难以支付学费的学习者提供了更经济实惠的选择，使教育得以走近更多人。

从未来的发展趋势上看，慕课的巨大空间也能够做到教育内容的无所不包，网络环境的大容量与多样化造就了慕课的包容性。在慕课平台上，学习不再只是拿到一纸文凭的工具，而是利用优质的教育资源充实自己的知识储备，拓展自己的兴趣爱好，提升自己的业务水平，或者仅仅只是通过听取讲座、参与讨论消磨闲暇的一种生活习惯。任何理由都有可能成为学习慕课的契机，真正做到了"提供一切给所有人"。

慕课平台的开辟，使得高等教育能够在终身教育的发展进程中承担更重要的职能，而且这种作用力是持久的。长久以来，研究者一直试图打破高等教育的壁垒，使高等教育融入社会性服务，为作为个体的每一个社会成员提供除了获取学历文凭之外，更多是为了个体的自我完善的教育，这种教育不是只限定于一个固定的年龄段，而是可以随人们的意愿随时参与。

（五）促使教师由个人向团队合作转变

不可否认，教师是学校的重要组成部分，在高等教育阶段，教师还需要承担一定的科研任务。从目前高等教育的教师职能来看，除了一些具有研究型定位的大学中有专门进行科研的教师，大部分教师的职能仍是以教学为主。学校人员组织不外是两大类：专业教师以及行政管理人员。不过，随着慕课的不断发展以及与高等教育机构的不断融合，这种人员组织形式会被打破。

首先，课程创建之初必须要有对专门领域十分熟悉的专家型学者对整个课程内容进行把控。他提供的往往是一门课程最初的蓝本，会决定课程能否引起学习者的关注和兴趣。其次，需要一个具有自己的个性特点、精于授课的主讲教师，这类教师一般风趣幽默，课堂经验丰富，他是学习者观看视频直接感受课程的最直观的"门户"。

学习者对课程的授课教师的认同感仅次于对课程内容的认同感，可见优秀教师对课程成功的重要性。因为在线学习是时空分离的，授课教师在讲座视频中表现出的教学素质和专业才能，往往对课程内容的展现具有决定性作用。接受线上课程的学习者一般厌倦现实课堂照本宣科式的沉闷，所以，慕课教师吸引学习者的"法宝"大多来自教师自己独有的个人魅力。就像当初 OER（Open Educational Resource，公开教育资源）盛行时，很多学习者，尤其是在校大学生对授课教师崇拜不已，追捧程度不亚于偶像明星，很多热门课程的授课者在慕课圈内已俨然是"名人"的代名词，学习者不仅会按照自己的需要选择课程，还会慕名前去学习固定几位教师的新开课程，即使课程内容最开始并不是他所需要或感兴趣的。

总而言之，慕课的发展需要依托高等教育的支持，以后的高等教育势必与慕课完成线上线下的融合，混合式学习方式也会一步步发展起来。在这个过程中，许多高等院校的公共课程可能已经不需要本校教师进行授课，而是让学生通过慕课完成学习，再在线下进行考试获得学分。同样，很多学校由于缺少相关专业教师而无法开设的课程也能够借助慕课的合作将课程引进实体课堂。这样的改变，使得一部分优于授课的教师成为课程的主要讲授者，致力于课程的完美呈现，剩下的更多是参与到课程制作的辅助工作中来。比如前面提到的技术人员、助教，还包括帮助线下在校学习者顺利完成课程的辅导教师等。很多教师要么转换角色，成为整个课程制作团队的一部分，要么从原有的教学活动中抽离出来，获得更多的时间全身心投入科研任务中去。久而久之，高等教育机构和院校的教师便可以真正意义上实现职能分离，各得其所，各司其职，既保证了教学的质量，也保证了科研的质量。

## 第五节　慕课教学模式的创新举措

### 一、提高慕课教学质量

（一）情境设置生动逼真

传统课堂教学中的一些生硬表现形式在慕课在线网络课堂上可以得到改善，慕课教学可以利用网络技术实现多媒体教学，在平台各种教学教务系统的辅助下实现各种教学信息的快捷传输和展示。立体化、动态化的表现形式更加形象逼真，可以使学员身临其境地去探索更多未知。同时，慕课教学实现了静态到动态的转变，在教学过程中可以运用软件将静态图像转换成动态来呈现，比如加入飘移、翻折、旋转、闪烁、缩放等特效，慕课这种生动逼真地创设情境的方法有助于培养学员的抽象思维，益于激发学生的学习兴趣和探究知识的欲望。

（二）教学方法寓教于乐

不同的授课内容应该采取不同的教学方法和教学形式，有的课程在内容上需要加入更多的交互环节，在教学方法上也要做到多样化。很多成功的慕课课程在教学方法上引入了类似网络游戏的通关模式，即一节课程被分为8~15分钟的微课堂，观看下一节微课的前提是必须顺利完成上节微课中提出的问题，成功答对方可进入下一节微课继续学习，这种具有挑战意味的设置激发了学员的学习动力，通关问题的设置也增加了课程的趣味性，而学员在答对题目并顺利通关后也会获得成就感。慕课课程中内置游戏化环节是提升课堂效率的一种好的方法。

（三）知识建构实现碎片化和系统性二者的结合

在现今的网络时代，人们获取的知识的形式不再是完整的、系统的，而是零散的、分割的、不相关的。在慕课课程的讲授中是分章分节进行的碎片化知识点讲解,但是大多数的学科建构都是一个整体,具有严密逻辑体系,传统的大学教育也是在努力地构建系统性的知识构架。知识建构需要学员在吸收理解新知识的同时,结合原有认知结构,建立知识间的相互联系,不能单纯刻板地学习,需要批判性地接收新知,并加入自己的思考、分析,形成系统的知识大框架。所以,学员在面对海量碎片化知识的时候,可以采用"零存整取"式的学习方式,即学员将汲取的零碎知识有意识地、灵活地整合起来,创造性地重新建构系统知识体系。在慕课网络课堂教学中,授课教师需要有意识地为学员梳理知识架构,深入浅出地揭示知识的形成过程,这样可以帮助学员形成对知识体系的梳理,形成完整的知识系统。另外,慕课在线网络教育平台作为教辅工具,应该发挥其技术优势,将平台中知识体系的构建及其与各类资源的关联,化抽象为具体,将微观知识结构宏观梳理呈现,帮助更多的学员来构建知识框架,解决学员碎片化学习和系统内容整合的问题。

(四) 提高教师团队的网络素养

慕课网络教学质量的保证离不开优秀的教师团队,因此,要重视慕课线上授课教师的选拔,实施严格的教师选聘和服务制度。授课教师必须具有一定的教学组织能力和较强的责任心,对网络传播特点有一定的了解,熟练运用新媒体,掌握利用教学设计原理制作网络多媒体课件的技能,具备在线教学、网络作业批改、实现在线交互以及利用电子通信工具进行教学等方面的技能。同时,教师必须具备引导、培养学生学习自主性、好奇心、想象力的能力,能够培养学生的分析问题、判断问题和解决问题的能力。

## 二、完善评价监督系统

慕课平台的过程性评价即考核学员整个学习过程中的各个环节,包括课堂讨论、作业、课后测验等环节。总结性评价即在过程性评价基础上加之最后的结业考试成绩,给出最后的成绩判定。在评估模式上主要有机器评估和人工评估。机器评估即借助自动评分系统来测试学员成绩,试题也多为客观题,像单项、多项选择题,项目匹配题,填空题等。机器自动测评具有较高的效率,保证了大规模慕课学员学习机制的顺利进行,学员可以在最短时间内获得测评结果,了解自己的学习成果,也方便学员及时查漏补缺。但是机器没有主观意识,对试题的判定只能根据程序设定的唯一标准答案来进行判定,对一些主观题目无法进行正确判定,所以还需要人工评估系统。人工评估系统主要包括学生自评和同伴互评两种,即学员的课后作业及期末考试试卷由自己或同班同学来评定,授课教授会提供一系列的评分量化标准给评估者。学生自评和同伴互评机制可以激发学员的兴趣,大家很迫切地想知道对一道题目自己和别人理解的不同之处,同时同伴互评机制还大大减轻了授课教师和教务管理人员的工作量。慕课平台在测试和评估上也有其他的环节设置,比如在课程录制过程中穿插一些即兴问答,加深学员对知识点的理解和掌握,如果学员回答正确，就会获得相应的得分。但是这些考核都忽略了一个最重要的问题，即诚信问题。由于网络授课对于学员是否诚实的答题无法给予考量，不排除替考、抄袭书本、网上搜寻答案等可能，所以现阶段的评价系统是不完善的，需要进一步优化。

## 三、增强网络学习的双向互动

慕课在线网络课堂的学习无法达到真正的双向互动，虽然有在线问答社区可以实现交流，但是与面对面双向互动的效果无法比拟，深入高效的学习是慕课平台问答社区无法达到的。慕课平台应该借助互联网技术手段来完善自身的双向互动。双向互动机制主要体现在两个方面：一个是线上互动；一个是线下交流会。线上互动主要是通过网络选课、作业提交、批改作业以及课程资料下载。学员在视频学习之前可以下载学习指南，获得课程学习资料，在学习过程中或是在一门课程学习之后的考核中遇到问题，都可以通过电子邮件、微博、QQ、微信、学习论坛以及电子公告板等社交工具向教师寻求帮助，从而解决问题。慕课的项目开发者正在尝试使用各种方法完善留言板的功能，尽力为学员提供更为便捷、自由的社区交流空间。例如，大多数的课程均建立在地理毗邻、语言相近、兴趣相仿等因素基础上的谈论空间，方便学员选择并考虑加入。

现代的学员可以十分熟练地使用各种社交软件，通过社交平台来交流情感、沟通思想，甚至传递知识、沟通讨论观点。有人指出，在线探讨系统是很有益处的，学生在回答教师的问题之前，可以获得整理思路的机会，而且系统还会提供给每一位学生积极回应其他同学观点的平台，继而创造出学生之间相互交流与学习的宝贵机会。同时，在线讨论系统还会强化授课教师在课程中的执行与监控作用，使学生的意见得到充分的展现。尤其一些在公众面前比较害羞腼腆的学员，在网络屏幕下一改不善言谈的性格，可以轻松无压力地表达自己的观点。

## 四、创新大数据分析技术

任何一项通信技术的突破性进展都会在教育领域投入使用，旨在帮助更多的人接受新的知识。

现今慕课平台已经开始使用大数据分析技术来收集、记录和分析学员在平台学习活动中的各种行为，数以万计学员的在线学习数据会汇集成真正的"学习大数据"，数据挖掘系统会记录和捕捉这些数据，并通过相关工具对海量用户的数据进行宏观和微观的精密分析，提炼出学员详细的学习记录、学习特征、学习模式，进而提供有针对性的诊断报告，方便教师对学员学习情况的掌握；也可以为学员制订个性化的学习策略，推荐最适合学员的学习资源，使得学员的学习更加主动。大数据、云计算和人工智能等高新技术的运用，可以精准分析出影响学生完成课程和获得成功的因素，使教育过程更加细化，也可以以此来甄别有可能辍学的学生，形成真正意义上的智能教学系统。

在计算机网络作为坚强技术后盾的情况下，慕课可以提供高效的数据统计和分析，包括学员的学习活动分析图、所学知识点饼状图、技能学习进度和练习过程的分析图。这些数据分析图都是实时更新的，教学教务管理者可以由此掌握学员的最新学习动态。从学员所学知识点饼状图中，教师可以看到每个小知识点、学员的完成情况和正确率。从技能学习进度和练习过程的分析图中，数据可以帮助教师清楚每位学员的学习进度、学习效率、完成情况，并能够针对问题给予针对性的辅导。大数据可以使教育机构知晓学员的学习成果，通过数据收集和整合，给课程设置提供依据和参考，还可以为学员量身定做学习任务和学习模块，实现学员精准的学习推荐服务。同时"自带设备"的使用可以有利于数据的完整搜集。"自带设备"是一种服务于大数据学习分析技术的设备，它是一种装载在移动智能设备上的个性化应用程序，不仅可以方便学员记录学习笔记和教学大纲等，还可以随时随地地获取详细移动数据，使得学员的数据收集更加完整，切实帮助学生建立较为完整的知识体系。

## 五、完善信息化教学教务管理手段

丰富课程学习包，建立专业化教辅团队可以提高平台的管理效率。大多数的网络在线课程都会有一个学习包，包含课程材料、授课安排、课后测评内容、辅导答疑及学习包使用方法等。但是随着全球各个国家学习者的加入，越来越多的学习需求呈现出来，现今的学员追求移动化、个性化的学习，对于课程资源的要求也越来越多样，慕课平台的教务系统需要丰富学习包，且对于现在已经提供的学习资源都实现移动化，支持学员在移动端的获取，方便学员使用。

建立专业化教辅团队，提供高效的信息化教学管理手段，使讲、授、评更加顺利。在慕课的发展初期，辅助教学团队大多由教师一人组织，整个团队缺乏统一管理和组织。在课程实施过程中，授课教师既要专注于课程内容本身又要忙于各种协调事宜，很难保证课程的质量。而现如今随着慕课的飞速发展，慕课平台上的教学内容组织过程与教学实施过程发生了分离，在教学实施过程的辅助教学管理，如线下实践内容的组织、课程的引导与答疑等，正在呈专业化的趋势发展。专业化的辅助教学团队可以帮助教师来完成课后的一系列学习检测和督促的工作，且现如今的教学管理的方式由原来的人工管理方式向智能化远程监管方式转变。基于大数据信息技术的数据记录和分析，加之学习内容管理和学习行为分析功能的学习管理系统，都可以对慕课在线教育平台的课程教学、学员学习行为、个性化的表现等进行记录和监管，实现智能化的教学教务管理。

# 第四章 高校英语网络教学模式的创新

## 第一节 高校英语网络教学的构成要素

### 一、英语网络学习环境

(一) 英语教与学和网络环境

网络环境是网络英语教学的物质基础和非物质基础。学习环境是学习者可以在其中进行自由探索和自主学习的场所，这里强调了环境的物理特性。根据教学的过程观，除了要对物质环境进行研究，还应该关注非物质环境。学习环境是指促进学习者发展的各种支持性条件的统合。网络英语学习环境的研究旨在对各种支持性条件进行研究，并探索各条件之间的关系，以对网络英语学习环境进行最优化的设计。因此，网络英语学习环境研究的内容主要包括物质环境和非物质环境两个方面。

物质环境主要指网络英语教学平台的设计和开发，非物质环境主要包括教学活动和教学策略的设计、教学过程的监控、学习氛围、学习者的动机状态以及人际关系等。

网络英语教学平台主要包括管理系统、教学系统、资源库系统和维护与支持系统四个部分。

1. 管理系统

对整个网络英语教学平台进行管理，主要是进行教务管理和教学管理，包括权限设置、注册登记、政策公告等功能。教务管理主要是掌握学生基本情况、学习情况、选修课程等具体情况；教学管理系统主要用于公布课程要求、教学内容、教学环节、知识的重难点以及学习的阶段、步骤、教学安排等信息，以帮助学生结合实际情况制定出适合自己的学习目标和学习计划。

2. 教学系统

对日常的教学活动进行支持，这也是网络英语教学平台研究的重点所在。一般来说，教学系统应该包括学习工具模块、协作交流模块、反馈和评价模块等。

3. 资源库系统

包括与教学有关的文字、图形、动画、视频、音频等各种资源，供教师和学生使用，对教学进行支持。

4. 维护与支持系统

为网络教学平台的正常使用提供必要的技术支持和保证。

建构主义教学理论认为，学习环境是指以学生为主体的学习活动展开的过程中赖以持续的情况和条件。其中，"情况"是学习活动的起点和某一时刻的状态，"条件"包括物质条件和非物质条件，这和上文所说的物质环境和非物质环境所指基本相同，即物质条件指学习资源，非物质条件包括学习氛围、学习者的动机、人际关系等以及系统采用的教学模式和教学策略。

网络学习环境的要素有：学生模型、传输平台、学习功能模块、学习资源、学习工具。其中，学生模型包括基本信息、安全信息、学习课程信息等。传输平台包括局域网、互联网、卫星传输平台。学习功能模块包括作业区、在线测试区、在线虚拟实验室等。学习资源包括网络课件、资源库、视频点播、数字图书馆等。学习工具包括协作学习工具（如电子公告板、聊天室、留言板、电子邮件等）、个人工具（在线字典、在线作图等）。总之，网络学习环境就是指在网络环境下，利用网络、多媒体等信息技术，以现代教育思想和学习理论为指导，提供各种学习工具和丰富的学习资源，传递数字化内容，在教师和学习者之间提供辅导和学习，在学习者和学习者之间提供协作与共享，开展以学习者为中心的学习活动的环境。

网络学习环境具有高交互性、虚拟性、支持协作性、兼容性、开放性、信息资源丰富性、信息呈现多媒体性、信息组织超文本性、信息检索超媒体性、信息传递即时性等特征。

我国许多高校开始了高校英语网络教学环境建设，并且总结性地提出了"高校英语网络教学平台"的网络环境构建，该平台中有三大系统：教学/学习系统、教学/学习资源库和教学/学习管理系统。这三大系统中，第一部分"教学/学习系统"是主系统，其中包括五个子系统，即多媒体课件系统、实时辅导系统、非实时讨论系统、作业提交/管理系统和在线测试系统。这是目前高校英语试点院校普遍采用的模式，网络教室将现有的分散的资源整合起来（如测评系统、自动答疑系统、师生交互系统、学习管理系统、基于 Web 的虚拟学习系统等）进行统一的资源配置和优化，为教学和自主学习提供语言平台，延伸课堂教学，构建课堂教学、实践教学和自主学习三位一体的新型英语教学模式。

为了考察大学生对网络多媒体环境的适应性，学者们综合以上网络教学平台的设想及经验，设计了网上协作探究学习的学习环境，采用了调查报告与实证性研究结合的方法，重点关注学习者对学习资源、学习场所、学习评价与管理的适应性问题。结合高校英语网络教学平台的构建设想和调查数据，研究者们提出了诸如积极开展信息技术与英语教学资源整合的研究、加强对网络环境下英语教与学模式的研究、加强对网络环境下自主学习的系统研究、构建网络化英语教与学管理和评价的新机制等建议。

目前，国内英语网络学习环境主要分为基于校园网和基于互联网的学习系统。由教育部向全国高校推荐使用的几套高校英语网络学习系统，基本采用了"控制主干课程学习进程的管理系统＋大量全天候开放教辅资源＋在线自测题库＋教学主体（教师、学生）互动BBS等"的模式。基于局域网的测试题库，不仅可以让学生完成无纸化的口、笔试，而且大大减轻了英语教师的负担，充分发挥了计算机辅助英语教学的优势。同校园网学习系统不同的是，互联网学习系统更注重资源的丰富性，为配套的语言学习课程提供了更为丰富的在线拓展学习以及资源下载，让学习者在没有教室的环境中也能够顺利完成特定英语课程的学习，是课堂教学的有效补充和扩展。

基于课堂网络的英语学习环境是我国英语网络教学研究中一个恒常的话题。研究学者提议建立这样一个英语网络学习系统，它是由多媒体网络教室、多样化的学习资源和学习工具，以及由教师和学生及其他成员组成的学习共同体所构成的个体学习的微观学习环境。以教室为基础的课堂网络学习环境在强调网络环境对英语教学的支持作用的同时，也强调英语学习者之间的面对面的交流对语言运用能力培养的重要性。因为对于学校英语教学来说，师生之间和生生之间的面对面的交流是主要的交流形式，这是由语言学习的特点所决定的。社会、文化等因素构成学习者学习的宏观环境。学习者的学习是在一定的社会、文化背景下进行的，但在正规的学校教育中，相对而言，微观的学习环境对个体学习产生的影响更为直接、显著。微观的学习环境和宏观的社会文化背景通过多样化的学习活动与学习者的内部认知建构相互作用、相互影响。在现代学习环境中，学习工具一般是指与通信网络相结合的广义上的计算机工具，如多媒体教学平台、网络教学平台、英语专题学习网站等。学习工具同样也应包括传统意义上的一些英语学习工具，如录音机、电视、广播、投影等。多媒体网络环境可以为学习者提供大量的、有趣的、多种表征形式的英语学习资源，网络学习资源是学生英语信息输入的一个重要来源。由教师、学生和其他成员构成的人际环境也是学习环境的重要构成要素，它构成学习的软环境。在英语学习过程中，充满多向交互的、开放的、和谐的、民主的、积极互动的课堂语言活动氛围，能够使学习产生浸润性的效果，能够使学习者愉快地融合在英语的学习环境之中，产生积极的语言学习情感，自然地、不知不觉地吸取和操练，增强语感。

（二）英语教与学和网络资源

网络学习资源有广义和狭义之分。广义的网络学习资源包括相关网络硬件资源、人力资源和软件资源等方面。狭义的网络学习资源仅指学习者能够用于网络学习活动的各种网络数据库，或称作教育信息资源库。

网络学习资源包括英语网络学习资源，其有不同的划分标准及其各自的形式或类型。首先，依据教育资源的不同组织结构和呈现方式划分，它主要包括在线数据库、新闻组和电子公告牌、电子期刊、电子书和教育网站五大部分。其中，在线数据库通常有图书馆目录和各种专门用途的数据库，如学位论文数据库、会议文献数据库等。许多数据库检索服务中心可以通过因特网访问在线数据库的目录，如 ERIC 教育资源信息中心，该数据库是由美国教育部资助的世界上最全面、最权威的教育文献数据库。新闻组和电子公告牌是为学习者提供讨论服务的平台，讨论主题涉及面很广，讨论内容具体而深入。电子期刊有三类，即电子报纸、电子杂志、电子新闻和信息服务。大量期刊在网上发行，而其基本内容与印刷期刊基本相同。此外，各专业团体和学术组织都有自己的网上发行物，如较有影响的期刊 Language Learning & Technology 和 TESOL 等。教师可以选择这些资源作为英语课程内容的组成部分，并帮助学生订阅成为其学习的补充资料。电子书的基本特点是超媒体、反应性、学习者控制和界面复合性，它是一种按照一定的组织结构而构成的计算机可视化学习材料，包括电子百科全书、人物传记、历史资料等。如今，许多英语小说已经做成电子书的形式放在网络上，还有许多教育机构都有 Web 站点，用于存放自己的数据资料，如课程内容、补充材料、教学交流、学术论文等。

其次，根据信息发布者的身份，信息资源可分为政府教育机构信息、企业集团教育项目及教育产品信息、科研院校教育信息、信息服务机构教育信息、个人信息等。其中，政府服务机构教育信息一级或二级域名一般是.gov 或行政区代码；企业集团的教育信息，其站点通常以.com 为一级或二级域名；科研院校信息站点的一级或二级域名一般是.edu 或.ac。

再次，根据网络学习资源的语种形式划分，也可分为两大类：中文网络学习资源和外文网络学习资源。其中，外文网络学习资源可以分为英文、俄文、德文、法文、日文、拉丁文、阿拉伯文等上百种类型。在实际应用中，我国的大多数网络学习资源都同时提供了"Chinese Version"（中文版）和"English Version"（英文版）两种版本。网络学习资源的多语种形式，很好地突破了学习资源共享因为语言因素而造成的严重障碍，使网络学习资源真正成为全人类的共同财富和知识力量。

最后，依据其是否有偿划分为免费网络学习资源和有偿网络学习资源。网络上大部分的 WWW、FTP、BBS 等资源是 24 小时免费开放的，任何网络学习者都可以免费对其进行查询、浏览、下载、讨论和打印等相关学习活动。免费网络学习资源是网络化学习的主要对象和资源主体，像沪江英语、可可英语、大耳朵英语、在线英语听力室、普特英语听力、无忧雅思等都是国内免费英语学习资源十分丰富的英语教育网站。而有偿网络学习资源是由一些商业化网站或部分商业化的网站所运营的网络学习资源，它作为网络学习资源的重要组成部分，与免费网络学习资源长期共存，互为补充和发展。

资源型学习是网络时代自主学习的重要形式。基于海量信息资源，教学中应着重教给学生科学地探究未知领域的方法，使之通过独立学习与主动参与充满挑战的教学情境，通过任务驱动，充分利用信息资源来解决问题。资源型学习模式中学生知识获取的主要途径是情境、协作、会话，而不再是教师的讲授，它主要有"人力资源要素"和"非人力资源要素"两大类。

人力资源要素包括：①教师。教学信息传递的任务由现代信息技术高效承担，教师得以充分发挥其创造性，进行信息化教学设计，创设教学资源环境，帮助学生学习。②学生。教学的首要目的就是为学生提供各种机会，使之在获得基本知识的同时，形成独立的学习技能，最终成为适应信息化社会要求的终身学习者。

非人力资源要素包括：①教学材料。它包括印刷型和电子型材料。其中，教师用以创设教学资源环境的电子教案和教学网页发挥着重要作用。②教学媒体。教师尽可能地退出媒体角色，而使用物化手段的媒体，包括视觉媒体（幻灯、投影、印刷的文字材料、图示材料、实物教具与模型等）、听觉媒体（广播、录音、听力实验室、音碟）、视听觉媒体（电影、电视、录像、影碟）、交互媒体（教学模拟机、双向有线电视系统、计算机辅助教学系统等）、多媒体系统（多媒体学习包、多媒体计算机以及近年来快速发展的基于网络和通信卫星的多媒体远程教学系统）等。网络信息作为一种教学资源进入课堂，改变了传统的讲授式教学模式，为学生营造了一个探索与发现的学习环境，提供了丰富的学习资源。学生在教师的激发和引导下，通过对信息的搜集、加工、处理、利用和评价，将相关信息组合起来形成自己的观点，从而获得了自我认知的方式，学会了独立获取和处理信息的能力，发展了良好的个性，提高了识别资源的能力和创造性思维的能力，实现了"学会学习"的目标。

基于网络资源型学习的教学设计过程可分为以下几个步骤：①需求分析，提出问题；②创设学习资源，收集学习资料；③明确学习任务，组织教学活动；④展示学习成果，进行总结评价。

基于网络资源的 P2P 学习模式，它对英语网络资源的学习利用同样具有实践意义。按照交互分类理论，可以将在网络环境下的学习划分为学习者与学习内容的交互、学习者与教师的交互和学习者与学习者的交互三种类型。相对于学生面对学习内容（People to Content，P2C）的学习方式，学习者与学习者交互（People to People，P2P）的学习方式才是 E-learning（电子化学习）的最有价值的体现。P2P 学习包含了学生与学生之间的交互合作和学生与教师之间的交互，它们是以学生和学习内容的交互学习为基础发生的。有效的 P2P 社会化交互学习能够产生如下的效果：①实现学习资源的共享；②促进学习方法和信息处理的经验和技巧的交流；③得出高质量的问题教学方案；④促进认知推理能力的发展；⑤促进对他人的认知的理解；⑥促进学习者的认知好奇；⑦形成和创造包含实践性知识的新的学习资源。

因此，将学生和教师组建成学习共同体，以精心设计的学习活动为驱动力，实现 P2P 的社会化交互学习，是解决以上基于网络资源学习中遇到问题的有效途径。教师可以利用体验性的网络资源和研究性的网络资源，构建合作化学习环境并指导学生向P2P的学习环境迁移，建立学习共同体，进行社会化交流合作，从而实现实践性知识和高阶思维能力的学习。开放式的网络学习环境是指采用Internet上提供的独立的网络技术而构建的学习环境，如电子邮件系统、BBS、聊天室、博客、MSN和QQ等，它们为同步或者异步的交互合作学习提供了可能。虽然它们不是专为学习开发的，但是经教师选择和利用，并与学习内容类型和学习活动特点相结合而构成一种自由灵活的学习环境。

## 二、网络英语学习者和教师

在网络英语学习条件下，英语教学法的"学生主体论"由于充分肯定学生的主体性，突出学生在英语教学活动中的自主地位，因此它在网络环境下更加得到肯定和彰显。网络英语学习环境为学生自主学习提供了平台，彰显了"学"为中心的特色。在非网络环境下，学生的学习策略一般由教师安排确立，如应该学习什么、怎样进行学习、在多少时间内完成学习等，都是基于教师的考虑和安排。这样，教师主导作用的发挥忽视了学生主体作用的体现，而且教师越主导，学生就越被动。而在网络环境下，学生是学习的主体，知识是学习者的自主建构。与非网络环境相比，教学中教与学关系的基础发生了深刻的变化，学生的地位和作用日益凸显，教师已不再处于教学的中心位置，但这并不意味着教师的教就可以完全抛开，只是这种教学是没有围墙的教学。在网络环境下，教师担负着更加重要的角色，将发挥更大的作用，那种完全排除教师的教学指导并不是信息技术和网络技术条件下的正确做法。网络环境不但没有弱化教师的作用，反而在某种意义上更加强化了教师的作用。由于学生个体对知识把握与对信息选择存在一定的盲目性，离不开教师在一定程度上的技术支持和知识指导。因此，在网络环境中过于强调学生的自主作用是不合适的。在新的教学手段的运用中，教师仍将发挥其重要作用，主要体现为：教师仍然需要对学生传授知识；教师必须培养学生学会使用新技术的能力和控制大量信息的能力；教师要更为注意培养学生的学习兴趣；教师还需要帮助学生确定个体化的学习方向。

在网络环境下的英语教学中，教师完全有必须以引导者、管理者的身份，一方面为学生的自主学习提供各种帮助，如辅导学生确定英语学习计划、制订自己的英语学习计划、选择英语学习途径等，引导学生看到自主学习的成果，从中获得成功感，坚定今后自主学习的信心；另一方面，教师适当引入、融会传统教学中有效的教学方法，让学生逐步学会并发展自主学习能力，最终让学生顺利地过渡到完全的自主能力。网络文化环境下的教学过程，既是教师不断为学生建构主体学习环境的过程，又是学生不断为自己创建主体学习环境的过程。

相对于英语学习者来说，关于网络英语教学环境下教师角色的定位、功能、特点等方面，我国学者进行了很多的论述，这是因为网络英语研究从创立之时起就将学习者因素作为突破口，网络学习中学生角色的转变要快得多、深入得多，而教师角色的转变要比学生花费更多的气力。当然，发表此领域学术论文的大多是教师，他们对自身的特点也有着更为深入的了解。

试点教学是一种网络增强型教学，即在改革传统教学模式的基础上，通过利用网络资源和工具来增强课程学习效果。它首次尝试让学生在网络环境下自主学习，在教学设计中教师不亲临自主学习现场。试点教学重点研究非现场监控条件下教师对学生在网络环境中自主学习实施的指导、监督和管理。经实验，研究者认为这种指导、监督和管理应达到以下目标：①保证学生上网时间用于英语学习，督促学生完成规定和自定的学习任务；②让学生了解和掌握自主学习的方法，督促学生制订学习计划；③增强学生在自主学习过程中自我监控和评估的能力；④促进学生充分利用网络学习资源；⑤鼓励学生参与网上学习讨论活动。为此，教师可以采取以下方面的措施：①引导学生制订学习计划，选择学习方法；②要求学生填写自主学习报告；③布置网上合作学习任务；④以阶段考试、口语活动和管理模块监督学习过程；⑤组织学习经验的交流讨论等。

更有学者提出了"网络型英语教师"的概念，认为这类英语教师应具备四种能力，即基于媒体技术进行课程设计与开发的能力，基于心理学激励学生学习兴趣和学习动力的能力，基于教育学知识指导学生与教学内容进行有效交互的能力和组织论坛、测试与评价的能力。

总之，网络英语教学环境下教师的指导、监督和管理职责是"教师"要素中最重要的方面。

## 三、网络英语教学评价

根据评价在教学过程中的作用和功能，教育评价可分为形成性评价和终结性评价。形成性评价是通过诊断教育方案或计划、教育过程与活动中存在的问题，为正在进行的教育活动提供反馈信息，以提高正在进行的教育活动质量的评价。终结性评价与此不同，它是在教育活动发生后关于教育效果的判断，一般与分等鉴定、做出关于受教育者和教育者个体的决策、做出教育资源分配的决策相联系。形成性评价重视对学生学习过程的考查和评估，它通过多种渠道收集、综合和分析学生日常学习的信息，了解学生的知识、能力、兴趣和需求，着眼于学生潜力的发展，不仅注重对学生认知能力的评价，而且重视对学生情感及行为能力的评价。形成性评价为学生提供了一个不断自我完善与提高的机会，它强调学生的自我评价与相互评价，让学生在自我评价中不断地反思，并取得学习上的进步。正因为如此，形成性评价给予了学生更大的发展空间，它有利于培养学生英语学习的兴趣，增强其学习的动机和自信心。在英语学习方面，由于形成性评价所覆盖的内容是多方面的，因此它有助于学生听、说、读、写各项技能的平衡发展。

评价问题是英语网络教学质量管理的核心问题之一。因此，网络环境下组成学业成绩的基本内容应包括以下方面。

（一）学习态度

学习态度可以体现和衡量学生自主学习的情况，这正是网络教学的主要特征，反映学习态度的主要内容应该是：①个人学习计划的制订；②除网页文字教材之外其他学习媒体的选择；③参加该课程必要的面授辅导情况；④自主学习笔记和听课记录；⑤参加学习小组讨论和网上学习情况的记录。

（二）平时作业

平时作业是教与学过程中的质量控制杠杆，是反映和检验学生在学习过程中所付出的努力程度的标志。平时作业的主要内容是：①基本概念的理解；②基本解答技能的训练；③综合知识的运用。

（三）课程考核

课程考核与传统学习评价的内容相似，是定量评价的一部分。网络环境下的学习评价必须充分重视网络环境的功能及其对教学系统各要素的相互作用，既要有个别评价又要有整体评价，要探索个性化、多媒体化、网络化、智能化的学习评价和考试模式。诸如：开展形成性评价和诊断性评价；制定形成性考核成绩评定标准；确定平时学习态度与平时作业的权重；根据评价目的和标准制定评价指标体系；多媒体网络教学和非多媒体网络教学进行比较性评价等。

基于网络的学习模式是以自主学习为主要方式的学习模式，因此对于教师来说，掌握和检测学生的学习效果是网络英语教学的重要方面。我国学者贾国栋总结出了基于网络的英语教学中，英语学习的 5 种评估原则和 12 种评估方法，这些宝贵的经验非常值得推广。

5 种评估原则是：充分信任学习者原则、培养独立评测原则、鼓励学—学互评原则、网上师生互评原则、反馈信息丰富性原则。12 种评估方法是：网上小测试、网上小作文、电子档案夹、在线能力展示评估、在线口语面试、网络日志、电子邮件、反思性问题、反思性短文、学习者的参与度记录、同学互评和自我评估。

## 第二节 网络环境下高校英语教师教学模式与方法创新

### 一、网络英语教学模式创新

网络环境下的英语教学可以根据信息技术手段来组织不同的教学形式，大体有以下教学模式。

（一）课堂教学模式

将课堂变成一个既能利用网络环境随时调用各种不同载体的信息资源，同时又能将自身融入其中的多媒体示教型课堂。

### （二）引导、交流模式

教师首先以发展学生的元认知能力与掌握学习途径为目的进行教学设计，然后通过多媒体网络环境将所需的各种多媒体教学素材展现在学生电脑上。学生在教师的组织下，通过计算机创设的情境，与教师和同学进行会话交流、协商讨论、解答疑问；教师仅利用电子白板、电子举手、语音对话、屏幕广播监控等功能，组织、引导学生的学习活动，而不进行详细讲解。

### （三）协作学习模式

学生分组依据教师或自己提出的命题进行讨论和交流。在此过程中，提倡学生运用各种网络应用技术，创造性地收集整理图文信息，设计完成以个人或小组或班级为单位的项目或作业，包括专题发言、虚拟论文、电视小品等，通过在网上发布、交流、讨论，使学生在一个可扩展的、开放的虚拟空间中自我发展其语言交际能力。

### （四）虚拟仿真模式

多媒体技术和仿真技术相结合，创设使学生身临其境的逼真效果，引导学生根据个人志趣适时切入虚拟的国外生活场景中，与各种不同类型的外国人进行模拟交往，以提高他们在实际的语言交往中展示和丰富自我的能力。

以学生为中心的建构主义教学模式是网络英语教学模式的最主要形式之一。它在教学内容方面强调以解决问题为导向，学习任务应尽可能接近真实情境；在教学环境方面，它要求设计有利于学习任务展开的学习环境，能够支持合作和互动学习；在教学信息方面，它规定学习者自己发现、分析和处理信息；在教学过程方面，它强调在学生已有的认知结构基础上获得知识；在教学方法方面，该教学策略强调教师应设计多种自主学习策略，学生的学习策略强调合作式、交互式学习；它要求教师应当是发问者、引导者、帮助者、促进者、协商者、组织者的角色，学生应当是学习的主体。

有学者提出，基于网络环境、以建构主义为指导的英语教学设计思想应结合学生特点进行"元认知"意识培养，树立学生自主学习意识；实行学习目标多元化，满足学生个性学习需求；利用网络环境，组织学生自主学习的过程；教师、学生角色以及教材、学习空间得以全方位的转变。

网络交互模式和移动模式是网络英语教学模式研究的热点方向之一。

基于网络交互模式的英语教学以 Internet/Intranet 网络作为传输平台，利用网络软件工具在师生之间形成一个虚拟的交流空间。网络交互模式又分为同步交互模式和异步交互模式。同步交互模式强调的是授课和听课双方的实时交互；而异步交互模式强调的是授课方和听课方的非实时性交流。

在基于网络的远程教学领域中，同步交互模式下的英语教学既可以是基于语音和影像的实时互动形式,也可以是基于文字的在线交流形式。无论是哪种形式,都强调授课方与听课方的实时交互性。要实现同步交互模式下的英语教学,可利用实时交谈工具软件(如Skype、QQ等)形成一个虚拟的师生交流空间。教师和学生之间通过语音、视频或文字信息来进行实时互动和双向交流,而交流效果与现实中几乎没有差异。网络交互模式特别适用于远程英语教学。异步交互模式的英语教学也是基于语音、影像的互动形式,或者是基于文字的交流形式。所不同的是,异步交互模式强调授课方与听课方的非实时交互性,师生之间或学生之间的交互在时间和空间上具有极大的灵活性。要实现异步交互模式的英语教学,可通过 E-mail、BBS 等信息服务系统,为师生之间搭起一个非实时交流的桥梁。通过 E-mail 系统,学生可向教师提出问题,教师可为学生提供解答。教师与学生之间、学生与学生之间可通过 BBS 进行主题讨论和交流。

移动学习模式内容主要是指:教学时空是不固定的;学习依赖于便携式的可移动学习设备;具有交互性或学习内容的自主选择性。要进行移动学习模式的英语教学,针对不同的移动学习设备有不同的实现方法:①针对平板电脑或智能手机等设备,可通过 WAP(无线应用协议)来访问英语教学服务器,实现对英语教学信息的无线浏览、查询和实时交互。服务器端的课程材料可采用 HTML(超文本标记语言)语言来编写。②针对笔记本电脑,可通过无线网络和 HTTP 协议来访问英语教学服务器。③针对 MP3/MP4 播放机,可通过网络下载或专门制作的英语视频、音频或文字材料来进行英语学习。鉴于智能移动设备如智能手机、平板等具有存储空间的无限扩展、普及率高、学习的自主性强等特点,以及在英语学习中的实践优势,基于智能移动设备的移动学习模式将在相当长的时期内有着很强的生命力。

1. 网络环境下高校英语教学模式

国内教师和学者对网络环境下高校英语教学模式进行了深入探讨,提出了许多有价值的观点,总结出了多种教学模式。

(1)自主学习模式

即以人本主义和建构主义理论为基础,运用认知重组教学的原理,引导学生积极建构和转化知识,学生利用课余时间进入网络课程进行自主学习的形式。当前,我国许多高校英语课程都存在课时少、班型大等问题,网络自主学习模式的构建恰好可以弥补这一缺点。这种模式不受学习时间和地点的限制,因此可以培养学生较强的独立性和主动性。

(2)合作学习模式

其基本理念包括教学目标的导向性、教学形式的多样性、学习氛围的自然性以及教学各要素之间的互动性。在网络教学环境下,教师可以把不同层次的学生搭配成学习小组,指导他们围绕某一学习材料,按照教学目标要求进行相互讨论、相互评价等小组合作活动。学生可以通过 BBS 讨论区、聊天室、QQ 视频聊天、留言板等方式与本组成员进行交流,实行一对一乃至一对多的交流,让学生在轻松愉快、合作竞争的良好环境中共同进步。

(3) 讲授型教学模式

即以教师为主导、学生为主体的教学原则组织教学。这一模式把学生看成学习的主体,教学内容不再局限于指定的教材,而是包括了与学习主题相关的所有网络资源、多媒体课件和音像材料等。

(4) 在线交互学习模式

强调学习过程不仅是信息量的积累过程,而且是认知图式的建构过程。该模式主要利用电子布告栏、电子邮件等进行人机互动、师生互动和生生互动的交流。在线交互学习模式是网络教育的重要途径,它可以分为实时和非实时学习模式、单向学习模式和双向交互学习模式。

2. 高校网络教学模式环节

对于高校英语多媒体网络教学模式应该按照以下环节进行教学设计。

(1) 教学目标分析

学习者要根据自己的实际情况,构思完成教学目标的方法与手段,通过学习操作实践去实现教学目标。教师提出的教学目标的难度应以大多数学习者能通过为宜,并应具有层次性,以适应不同程度的学习者。

(2) 创设真实情境

教师要帮助学习者分析自身的知觉、记忆、思维以及动机、经验、情感等因素,利用教师 E-mail 答疑管理系统,通过实时模拟双向答疑、视音频文字一体的多媒体、BBS 讨论区、教学内容的网上交流等多种途径,实施教学计划指导下的非实时自主学习,有效地促进其朝着个性化学习、自主式学习方向发展,使学习者在因材施教、个性化发展的过程中完成提高语言水平的实践。

(3) 协作学习

在网络学习环境下,学习者面对面地进行实时在线语言交流或通过多媒体网络进行实时的文字交流的"协作学习",使得每位网络资源提供者和获取者的思维与智慧将被整个网络学习群体所共享。在学习者与教师的协作过程中,学习者获得教师的帮助,教师获得学习者的信息反馈。"协作学习"也可在两个以上的学习者之间进行,既可有组织地进行,也可直接面对面地或通过 BBS 论坛进行。

(4) 意义建构

学习者要根据自身在学习过程中,通过各种不同形式获得的各类不同信息形成自己的学习体会或研究成果,并且以文字材料、视听媒体、影音资料、多媒体课件和主页等多种形式将成果具体体现出来,以汇报学习成果并进行总结评价(包括学习者个人的自我评价、学习小组对个人学习的评价及教师对学习者的点评等）。

## 二、网络英语教学方法创新

（一）网络环境下的视听说、口语教学

多媒体网络教学模式是提高学生英语听说能力的有效途径，尤其对于提高中等及以下水平学生的听说能力及高水平学生的口语能力效果更为明显。

网络环境下英语视听说课程自主学习为主、教师指导为辅的新型教学模式，其优势表现在以下几个方面：

第一，自主学习模式体现了以学生为主体地位的教学新理念，并为学生提供了良好的个性化学习方式。学生可以灵活安排自己的时间，在规定的学习任务内以自己认为适当的进度进行有效学习，变被动式学习为主动式学习。同时，多媒体网络技术所具有的功能可以充分开发学习者的视、听、说能力和联想能力，使学习者从多方面受益。

第二，以自主学习为主的教学模式能节省出宝贵的课堂时间。教师可以更有效地利用课堂时间对学生进行与教材内容相关的语言或听说技能的要点指导，介绍与单元内容相关的语言文化背景，组织学生开展形式多样的口语活动，在有限的课堂时间里更好地发挥其引导和指导作用。教师的角色能真正由课堂主导者转变为学习促进者，使课堂有限的教学时间得到优化。

第三，自主学习有助于促进学生的自我管理。学生每个单元上机学习的时间、进度和成绩都有详细、及时的记录和显示。此外，自主学习系统的结构设计要求学习者必须完成规定的重点学习内容，学生在自觉或不自觉地完成整个预设学习任务时，无形中被引导着完成每个必要的训练环节、每个单元和测试，直至完成课程规定的所有内容。

第四，多媒体网络环境下的学习，有效地减少了学习者在集体课堂中通常所表现出来的紧张和害羞。学习者会更专注于所学的内容和任务完成的质量，而不会担心是否会因犯错而"丢面子"。

第五，多媒体网络环境下，强大且丰富的教学资源库使得每个学习单元都能提供真实的语言运用情境的影像资料，这对学生语言的习得和语感的培养有很好的促进作用。

但多媒体网络环境下的自主学习对学生的自学能力和学习自觉性要求更高，缺乏自我控制和自我管理能力的学生有可能通过投机而回避学习，或临到考试时突击学习。有时，在此环境下的"回头"复习功能得以减弱。

新闻听力教学是英语技能训练的重要组成部分。利用多媒体网络信息技术，英语新闻听力教学效果可以实现质的飞跃。许多英语教师和研究者提出了自己的英语新闻听力网络教学系统的设计方案，此领域的成功案例有：西南财经大学所建立的基于网络的英语新闻听力教学系统。

在该系统框架下，教师管理系统包括电子点名册、语料库管理、学生成绩管理、讨论区管理、在线课堂管理等模块。其中，在语料库管理中，教师可利用系统提供的扩展功能向语料库中随时添加最新的新闻材料，从而保证听力材料能跟上时代和文化的潮流。学生学习系统包括新闻背景导读、听力训练、在线课堂、学生讨论区、辅导答疑、在线测试等模块。

在英语新闻听力网络教学系统中，学生是主角，学习系统可以帮助学生根据自身需要进行有目的、有步骤的听力训练，在听前做好充分的准备，在听后进行及时的总结，并通过讨论发现和解决疑难问题；教师通过教师管理系统在教学过程中分配学习任务或添加新的学习内容，组织讨论或辅导答疑，并对学生的学习表现予以评价，从而形成一个真正以学生为主体、教师为主导的听力教学闭环模式，增强学生的自主学习能力。新闻听力网络教学系统的训练模块可以充分发挥网络教学的优势，满足精听与泛听、读与听相结合的学习需要。

精听训练可以帮助学生深入新闻内部层面，它要求学生详尽地理解所听的新闻内容。而新闻泛听则意在多听的基础上积累和扩充词汇量、熟悉新闻结构。系统所提供的泛听训练模块不仅可以满足精听和泛听相结合的学习需要，而且把读与听结合起来，能达到阅读和听力相互促进、相互提高的效果。同时，系统具有机辅阅读的功能，系统能提供不同的阅读速度，如快速阅读模板可以帮助学生以短语和意群为单位，培养流畅的阅读习惯，有利于学生从结构上把握新闻篇章。广泛的阅读能使学生扩大词汇量、了解新闻背景和新闻报道的句型结构和篇章结构，克服新闻听力理解中的两大障碍——新闻词汇和句法结构。学生在有计划、有步骤的训练中听力水平得到飞跃。

基于网络的口语自主式学习是口语教学的必然趋势。有学者提出基于语音博客的高校英语口语训练和研究网络平台设计，并进行了相关实证研究，探讨了语音博客在高校英语口语训练中的有效性和可操作性。该网络平台以互联网为大环境，以网络资源库为依托，以教师博客为中心，以教师布置的口头作业为主要内容，形成了一个师生之间、生生之间相互交流、真实自主的开放式英语口语交流平台。具体学习流程是：教师将口语作业贴在自己的博客里，学生进入教师博客获得作业信息，然后通过教师博客里的虚拟录音设备，直接录下自己的口头答案，贴到教师的博客里，同时也可以贴到自己的博客里。批改口语作业时，教师在博客里进行口头反馈或书面反馈。教师可以直接在自己的博客里贴上大量丰富真实的音频或视频或者某个英语教学网站的链接，采用网络资源作为课外口语作业。此外，学生可以通过网络资源库或互联网了解到某些热点话题，自主发起对这些话题的讨论，录下音频，学生之间可以随时进入对方的博客留下口头或书面评论。

基于现代网络通信技术并深受大学生欢迎的QQ网络通信平台和微信社交平台所提供的实时在线交互式功能，为创新传统英语口语教学手段和拓展英语口语教学的时间与空间提供了一种新的可能性。

（二）网络环境下的写作、阅读教学

写作教学始终是国内基于网络环境的英语教学具体教法的最主要研究方向之一，这从CNKI（中国知网）学术论文检索数据中即可验证。我国英语教师设计了各种基于网络资源和网络环境的高校英语写作能力培养模式。有的学者、教师从人本主义教学思想、"输入假设"理论和支架理论出发，提出了自己的培养模式。这种模式重在选择合适、够量的语料建立一个写作教学平台，然后进行方法论教学和提供充足的语言信息输入，同时注意克服学生的英语写作心理障碍和鼓励学生之间的共同合作和研究，最后运用有效的标准进行评估。具体实施步骤有：①进行数据挖掘，建立相应的写作训练库、写作语料库或利用现存网络语料库。②加强语料库驱动的写作方法教学。③对学生进行"阅读—模仿—创新"的自主训练。④对学生进行学习心理和学习动机教育。⑤对学生进行写作评价。

还有的教师和研究者开发设计了高校英语写作网络教学系统。具体措施如下。

1. 建立在线写作教学系统

改进"一稿定终身"的作文教学模式。该系统开辟了写作常识、策略指导、作业公告、佳作欣赏、参考资源和写作论坛等栏目。

2. 实施写作策略训练

首先，通过日常写作策略知识讲解，培养学生自主写作的意识和能力，监控和管理自己的写作过程，使其日常写作有目的、有计划、有方法。其次，借鉴过程写作法理论，在写作策略训练中遵循写前启发、写作成文、修改润色三步走和有序交替进行的原则，尤其是加强学生写前阶段的写作策略培养。策略训练分为随堂策略训练和课下指导，包括网上指导。

3. 建立小型范文库

根据学生的实际水平和需要，建立一个开放的、可以不断扩充的英语写作教学资料库，以辅助加强现有的写作教学系统。资料来源分网上资源和学生资源。

4. 采用动态综合评估法

动态的写作过程必须有动态的写作评估机制相互配合、相互促进，如此，学生的写作动力才能得以维持。

为了验证该写作训练平台的使用效果，研究者们进行了为期两个学期的对比试验。试验班采用在线英语写作教学系统，对比班由教师采用传统写作教学模式实践。利用SPSS统计软件将两组学生在写作教改前后的写作成绩进行对比分析，并检验了实验组内部水平不同的学生在英语作文成绩进步方面的差异情况。实验数据表明，两组学生在英语写作方面均取得了一定的进步，相比之下，试验组学生在英语写作方面取得了更为显著的进步；而在试验组内部，高水平学生与低水平学生相比，前后测试成绩都显示出较大优势，因此高水平学生是该写作教改实践的更大受益者。

利用互联网辅助英语写作的学习也是提高英语写作能力的有效、新颖方式之一，其活动形式可以有和网友的 E-mail 交流、参加讨论组和网上发表，网上有一些讨论组可以给学生提供参加跨文化交际的讨论，学生借此可以进行写作练习，如由国际 EFI/ESL 教师创办的国际 E-mail 讨论组、国际写作交流项目是专门为全球学生准备的练习英语写作的园地，参加此项目的学生可以将文章通过电子邮件寄给网友，收到他们和教师的反馈意见。教师可组织学生办一个班级网站/网页或电子杂志，这样就可以将学生写的作品发表在上面。

利用 E-mail 进行英语写作教学已成为世界各地教育界在网络环境下较为普遍的教学方式。与传统写作教学相比，E-mail 辅助写作教学具有以下优势：

第一，E-mail 辅助写作便于进行多种多样写作风格的教学。E-mail 本身风格多样，它既可以是以口语交流、即兴发挥、维持社会关系为主的寒暄语、问候语、应酬语，也可以是正式的书面语风格。学习者写作时既可以随机交流、不拘一格，也可以构思草稿、反复修改后通过 E-mail 交流。

第二，E-mail 的写作环境更能体现现代写作理论所倡导的写作过程，即对写作成品的分析、对写作过程的研究和对写作背景及功能的分析。

第三，国内外许多实验表明，E-mail 辅助写作教学优于传统写作教学。大部分情况下，在 E-mail 写作交流中，学生都在进行真实的、积极的、具有现实意义的实践活动。

进行 E-mail 辅助写作教学要遵循一定的教学步骤，例如：

第一，在网上建立通讯目录或新闻组。教师可采用在线和离线相结合的方法，在线是教师在网上当场批阅，与学生交流、修改；离线是教师将学生的草稿、修改稿存入邮箱，日后对其分析研究。

第二，教师可在网上组织学生写日志。学生自选题目，教师从中选出具有代表性的内容，通过新闻组，将它们整理并编辑成班级共享日志，再发给所有的同学讨论。

第三，教师可组织同学合作写作。学生分组，一起讨论提纲，再分写，最后由专人负责定稿，这样就提高了学生的参与意识和合作精神。

利用语料库提高英语写作水平的问题同样引起了我国学者和教师的关注。他们认为，计算机辅助英语学习方式的出现正在改变着写作课的教学方式，从注重结果转向更加注重过程，从注重教师对作文的评改转向学习者之间的独立的合作性学习，如小组讨论、相互提出建议和反馈意见、同伴评价修改文章等。具体来说，在写作教学中，语料库的作用主要体现在：第一，教师可以检索一个语料库，根据语料库的内容搜集写作素材，如特定语类中最常用的词汇、句式结构等，便于更好地组织教学。第二，教会学生使用搭配检索，自己学习使用语料库。

基于语料库的语言数据具有输入质量高和输入数量大这两大特征，所提供的语言数据都来源于真实的交际活动，为一定的交际目的而用，语言材料属于自然语言。因此，语料库可以成为语言研究和教学的重要素材来源。语料库还可成为分析作文的高效工具，学生把作业以电子文本的形式提交，教师只要对提交的作业进行语料分析，就可以得到可信的实证材料用于科研和教学。教师只要把数据库的文本导出，即可利用语料库索引软件对学生的作文进行分析，很容易得出实证的语言材料，发现自己教学中的不足及学生易犯的错误。语料库还可以提高作文测试绩效，借助语料库对学习者中介语的分析，教师能更好地了解学生写作中的问题与薄弱环节，有了这样一个反馈，就能更有效地改进教学。平时测试中也可从学生最为迷惑、易出错的地方入手去测试学生的知识掌握情况。除了作文外，教师还可以分析现有的试卷，提高命题的效度和信度。

在基于语料库的写作教学中，教师不仅对学习者传授知识、培训技术，而且还要指导学习，以驱动整个学习过程。针对不同的学习者提供不同的指导和学习材料，充分体现个性化这一特点。教师对学生进行语料库使用等方面的计算机技术培训，从学习经验、学习过程、语言学习内容等方面对学生进行指导，以便使他们能更好地借助语料库这个平台进行英语写作，实现课内与课外、人机交流与人际交流相结合。对于学生来说，通过语料库学习语言，学生会感到自己在进行一种探索、发现和归纳。采用语料库辅助作文教学，学习者会自主地探索语言规律。要培养学生问题意识，鼓励学生自己发现问题，不断要求学生带着问题去使用不同的语料库，并从多个角度去比较分析语料。此外，在线写作的同伴评价可以增强学生在写作过程中的读者意识，有助于启发思维，提高组织结构能力与语言水平，对于他们整体把握英文写作大有裨益。

针对英语阅读课，我国英语教师也对网络环境下的阅读教学进行了探讨，提出了多种新环境下的教学模式，如利用互联网资源改进英语阅读课教学、开展基于网络的英语阅读课的研究性学习、开设网络阅读课程的实践等。

将互联网资源整合进英语阅读教学的实验和课程设计实验是有其特殊意义的，它将在一定程度上改变教师授课和学生学习的方法。然而，在利用这些资源时，必须将学生需要、教学目标、网络所提供的资源和限制条件等因素考虑在内。研究人员对利用网络资源进行阅读教学进行了探索，实验对象是大学师范英语专业三年级的学生，人数30人，他们对计算机的基本技能和网络技能有基本掌握。该实验课程设计的重点是培养学生的英语阅读能力，同时培养学生对网站内容的评价、鉴别能力。实验依托一个教育网站，其语言难易程度比较适合大学三年级学生英语水平。教师按照以下步骤进行了教学实验：选定网站，建立认识；提供引导和目标；依据学生回答提供对应方法；完成学习任务，演示成果。教学实验结果反馈为：①在学习动机上，网络有效调动并保持了学习者的学习动机；②在对计算机辅助语言教学的认识上，对学习的促进较大；③在学习的结果上，智慧技能、认知策略和人际关系取得了全面发展。此种教学方式和传统的英语阅读课有明显的不同。在这种学习方式下,教师和学生的角色发生了很大的变化,教师不仅是知识和能力的传授者,而且是学生学习的指导者、组织者、促进者。教师为学生提供了学习的材料,通过提出问题的方式引导、组织学生展开学习活动,彻底改变了传统的以课本为主的教师讲、学生学的教学模式。

当前,在不少英语专业的阅读教学中,还存在着在课堂上以教师讲授为主的弊端。在许多常用的阅读教材里,强调了词汇理解、语法分析等内容,而对学生的阅读速度、概括能力、评价能力等方面的培养还是重视不够。在新模式下,学生学习的方式发生了变化,学生的阅读是带着任务去学习的。学生的阅读能力得到了全面训练,特别是往常被忽略的浏览能力、略读能力、判断主题句的能力、预测能力、快速阅读能力和评价文章的真伪能力等得到了明显的加强。

在英语阅读课教学中,采用基于网络的研究性学习模式不仅在很大程度上改变了采用单向传播的传统做法,而且具有更多的协作性、自主性、开放性和创造性。例如,某大学本科三年级非英语专业的《英语选读》课进行了基于网络的研究性学习的实验。课程采用英语原版教材 Developing Reading Skills,教学目标是通过网上阅读,练习快速阅读技能和阅读理解技能,并在此基础上写出英语作文。所采取的方法是:①将学生分小组进行1~2轮网上小组讨论,形成研究性专题;②每位学生按各自小组专题,综合概括写一篇有一定字数要求的英语作文;③小组代表演示主题,介绍作文形成过程和教师讲评。此外,还有一些辅助程序,如课前预习、收集资料、制作演示稿、完成课后练习等。与以往的教学相比,基于网络的阅读学习更多地让学生进行自主探索、发现问题、解决问题。它强调在理解的基础上综合概括,写出内容充实、论据充分的作文。这不仅为学生开创了英语学习的环境,帮助他们提高快速阅读技能和阅读理解技能,而且锻炼了学生写、说、听的能力,也使学生的视野不再局限于书本知识,培养了学生的创造性思维。

多媒体网络环境下,培养学生的英语自主阅读能力训练是基于网络的阅读学习的重点推进方向。多媒体网络环境下自主阅读型教学法能构建学生的主体地位,使学生能在教师的引导下创造性地自主学习;可以将自主阅读教学贯穿于教学活动的始终。

随着对英语自主学习能力的不断强调,网络阅读作为一种新生的"学习事物"被提了出来。互联网上电子杂志、外文报刊、虚拟图书馆、数据库、网上广播、影视资料以及专门的英语教学网站提供了丰富的教学资源。E-mail、MSN 等通讯方式以及微信等网络社交平台,可以实现学习者之间的便捷交流。另外,不同程度的学生各取所需,可以根据自身水平选择适当的学习资料,使他们在不同的基础上得到最大的学习成效。

网络阅读课程可以给学习者提供丰富的语言情境,有助于学习者学习地道的英语。英语网络阅读课程可以按以下步骤设计:①建立学习资料库;②资源共享和关键词搜索;③

学习信息的交互与反馈。在网络阅读课教学中，教师不仅扮演着教学者的角色，还充当着指引者、资源建设者、活动组织者、监督者和检测者等角色。教师应为学生进行必要的网络搜索技巧培训，选择适合学生水平的资料推荐给学生阅读，并培养学生对网站内容的评价、鉴别能力。在网络阅读中，教师还应该根据教学目标来组织各种教学活动，如对网站内容、学生作业进行小组讨论、评价等活动，以活跃课堂气氛，加强对所阅读材料的理解。教师还应及时对学生的阅读结果进行检测、评价，为学生的作业提供反馈信息。

（三）其他

交际法始终是英语教学的最主要教学法之一，在多媒体和网络环境下如何贯彻交际原则也是我国英语教师所关注的问题。有英语教师从课程教学过程中挖掘了具有启发意义的现实案例，将整个教学过程分为两个紧密相连的周期——课堂内周期和课堂外周期。前者内容包括：开启主题；采访活动；课文阅读和主旨归纳；提出问题分组讨论；教师总结等。而后者是网络环境下交际教学法的实践应用重点。课堂外学习周期所设计的任务和教学过程如下。

1. 明确任务内容

活动以小组为单位进行，活动内容包括两个部分：个人任务和小组任务。个人任务为：浏览相关主题网站并归纳问题；通过 Facebook 社交网站或网络电话、语音聊天工具采访以英语为母语的人士。小组任务是：在个人阅读和采访的基础上，小组确定一个明确主题，提供可能的解决方法，并在课堂上展示。这样的任务设计使得学生通过听、说、读、写等方式和外界进行交际，从而获得信息，解决问题，完成任务。

2. 完成个人网络交际任务

学生交际任务的完成在课堂外进行，教师应以 E-mail、电话、见面等方式及时地给予指导和帮助，同时也鼓励学生之间相互帮助。

3. 小组协作学习

个体之间可以采用对话、商讨、争论等形式对问题进行充分论证。学生学习中的协作活动有利于发展学生个体的思维能力、增强学生个体之间的沟通能力以及对学生个体之间差异的包容能力，从而更为全面地培养学生的交际能力，因此组员之间的顺利交际是协作学习成功的关键。教师要对学生的活动进行监督和检查。

4. 效果评价

教师对各小组以及成员对小组的贡献分别打分。

人们对阅读、写作、视听、口语等基于网络环境的教学法研究较多，但对于综合英语（即通常所说的"精读"）却探讨较少。究其原因，英语精读课的教学层次差异较大（低、高年级）、教学训练形式较繁琐、网络资源较少等都制约了网络环境下对精读教学的研究和应用。尽管如此，英语教师对此仍做出了一定尝试，如在多媒体网络教室实现高级英语的网络交互模式的教学。该模式下的网络交互方式有以下三种。

（1）学生与计算机之间的交互

多媒体网络系统根据学生已有的认知结构特点设定问题，让学习者带着疑问学习、探索，并且设置情境，提出假设，提示各种可能，将解决问题的各种思考过程装入教学程序中，引导学生寻求解决的思路和方法。学生成了学习的主人，其学习主动性和自主性能得到极大发挥。教师对学生的学习进度进行系统监视。但此种方式的人机口头对话方面以目前技术水平还不能满足要求。

（2）学生之间的交互

学习者围绕当前学习的主题讨论交流，形成各自的判断，表达自己对问题的理解以及解决问题的不同思路，相互分享各自的想法，相互答疑、争辩和评价，相互合作解决各种问题。这样，多媒体网络将"个别化学习""集体教学""合作学习"等多种学习模式巧妙地结合起来，多途径促进学生创造思维的增长。还可进行分组学习，组与组之间进行学习竞赛、问答等。教师充当组织者、指导者和帮助者，对讨论内容不进行详细的讲解，只是引导和控制学生的学习活动。

（3）教师与学生之间的交互

多媒体网络高级英语的教学对教师提出了更高的要求，教师对学生的指导可采用屏幕播放、屏幕监控和个别辅导的形式进行。

网络教学模式能够将学习知识与培养能力有机地统一起来，将高级英语课程中对英语综合技能的培养融入以建构主义学习理论为指导的新型教学环境下。网络交互模式可用于高级英语教学的以下方面：

第一，语言文化知识的学习。将教室多媒体网络环境与互联网相接更能发挥出网络教学的优势。

第二，语言知识的综合训练。高级英语多媒体网络教学在培养学生综合运用语言的能力方面具有很强的可操作性，它可以较真实地模拟语言环境，充分调动学生听、说、读、写各种语言技能。多媒体所特有的虚拟现实技术可以在多媒体网络教室创设与所学内容相似的情境，学生可以在此环境下进行虚拟仿真训练。

第三，教学效果的检测。计算机辅助英语测试从单项语言项目的测试发展到人机互动的语言能力测试，至今已相当成熟。对学生个别化、自我构建的学习进行课堂上及时、适量的测试既可提高学生的紧迫感，提高学习效率，也便于教师及时诊断教学中的薄弱环节，从而进行调整。

还有的教师对网络环境下的英语词汇学习也提出了自己的方法。例如，从语言学习中"输入"的角度，可以采取以下学习策略：①利用多媒体和网络增大输入量（可以利用语料库、搜索引擎、多种便携电子设备等）；②调动多种感官参与，拓展输入渠道（特别是英语学习网站的各种游戏、视听材料等）；③充分挖掘无意记忆的潜能（如 Flash 动画、某些特殊软件等）。从"输出"的角度，应增加语言输出的量，注重输出参与的程度。具体如：利用聊天工具输出语言；发挥博客的作用；利用手机和 E-mail 等。

## 第三节 网络环境下高校学生英语学习模式的创新

### 一、网络环境下的英语学习行为

网络环境中的英语学习行为是网络学习的典型形式之一，它具有网络学习的通性。在网络环境下进行的学习行为可以概括为以下三种相互紧密联系的基本类型。

（一）信息搜集加工

网络提供了功能强大的、集成性的信息媒介。对信息资源的搜集和加工是网络学习活动的重要形式，具体包括以下三种主要类型：①基于课件的信息获取。学习者在线访问和下载网络课件，学习提供的结构化的内容，按照其中设计的交互方式来参与计算机化的教学和培训。②基于资源的学习。学生通过查找和阅读大量的资料来进行学习。在基于资源的学习中，教师首先给学生明确一个主题，然后学生根据这一主题在可利用的资源中展开调查，搜集信息并进行分析处理、整理和共享。比如，来自不同地区或国家的学生和教师搜集和对比各地的民间故事、民间笑话、节日习俗、谚语等，而后对比分析各地的文化差异。学习资源既可以是书籍文章，也可以是音像材料、电子数据库、网络资源或者其他的数字化资源。学生、教师所进行的网上信息搜集和加工活动不仅有利于实现高效、主动的学习，同时也可以服务于社区的发展。③创建共享数据库。学习者可以围绕特定的问题进行调查、研究，获取有关数据，建立网上共享数据库，进而对这些共享数据进行处理分析、学习。

（二）交流学习

利用网络工具进行人际沟通、交流和合作是网络环境下的一类重要的学习行为，计算机媒介通信可以作为功能强大的人际互动工具。在教学活动中，师生之间可以借助网络工具进行沟通交流，学习者利用 BBS、E-mail 等进行主题研讨和交流，或与学科专家及其他相关人士进行交流。而且，利用计算机支持的协同工作（CSCW）工具（如共享白板、MOO/MUD 等）可以实现学生的网上远程协作学习以及教师之间的协同工作。

网络可以支持当地学生乃至世界范围内的协作学习，创建各种主题的学习共同体（或称为"学习社区"）。所谓学习共同体，即由学习者及其助学者（包括教师、专家、辅导者等）共同构成的团体，他们彼此之间经常在学习过程中沟通交流，分享各种学习资源，共同完成一定的学习任务，因而在成员之间形成了相互影响、相互促进的人际联系。这种学习共同体使学生和教师广泛地参与到合作活动中，不同国家和地区的学习者还可以进行跨文化的沟通合作，这既有利于提高学习效果，也有利于学生对于多元文化的理解。

计算机媒介沟通工具大大扩展了参与沟通的成员的范围，扩展了理解与思想的广度。另外，对于那些比较内向和高焦虑的学生而言，网络提供了一种更为适宜的英语沟通工具，可以减少当面对话时的压力和尴尬。而且，网络既可以支持生动的同步交互，让学生能够与身处远方的教师、专家实时交流，同时又可以实现灵活的异步交互。研究表明，在异步交互中，学生可以在发言之前对自己的想法进行更深入的思考和完善，有利于实现更为深入的讨论、研讨。

### （三）任务探索与解决

在网络环境下也可以组织学生进行以解决问题为基础的探究活动。当前，研究者强调要利用网络来支持学习者的基于问题式学习、基于课题式学习等，即针对学习目的和内容为学习者设计一定的问题、任务，让他们利用网络资源和工具展开探究活动，研究和解决问题，形成探究报告或某种产品，通过解决问题来发展有关的知识理解和思维能力。

开放灵活的超媒体信息表征与组织方式、及时更新的最新前沿信息、各种丰富的网络数据库、便捷的沟通方式等都可以为探究活动提供很好的信息资源环境。网络环境中的搜索引擎、问题解决工具等都可以为探究活动提供有力的认知工具。在这种探究活动中，教师的作用将不再是传递信息，而是为学生设计、创造合作探究的机会和经历，发挥学术向导和学习促进者的作用。

## 二、网络环境下的英语学习模式

### （一）自主学习

自主学习是现代英语网络学习最为关注的话题之一，其相关术语有很多，如 Learner Autonomy/Autonomous Learning（自主学习）、Independent Learning（独立学习）、Learner-Controlled Instruction（学习者控制的教学）、Self-Directed Learning（自我为导向的学习）等。有学者认为它既是一种学习态度，又是一种独立学习的能力。态度就是一种对自己的学习做出决策的责任，能力就是对学习过程的决策和反思。当然，自主学习的"环境"也非常重要，它为学习者自主学习提供了锻炼的机会。语言学习的自主性主要体现在以下三个方面：①自主学习是一种独立学习的行为和技能；②自主学习是一种指导自己学习的内在的心理动能；③自主学习是一种对自己学习内容的控制。

因此，自主学习既是一种学习策略，又是一种教学理念，同时还是一个教育目标；自主学习是一个长期的、动态的、发展的过程；自主学习对教师和学生的作用有了新的定位；学习者具有主体性，教师成为学习的促进者；可把低自主性的学习者培养成为高自主性的学习者；自主学习与学习者的学习策略，特别是元认知策略（制定学习重点，安排学习计划，评估学习效果）密切相关。

基于互联网的自主探究式英语学习方法是目前网络英语学习中出现的新事物，它是指学生在教师的指导下，通过互联网以类似科学研究的方法去获得知识和运用知识的一种学习方法。在英语网络学习中，基于互联网的自主探究式英语学习方法是一种语言学习高级阶段可以采用的自主学习方法，具体可以分为以下几种方式。

1. 任务探究式

即在教师的指导下，将问题以任务的形式分配给学生，学生利用互联网查询和搜索信息资料、解决实际问题、完成给定学习任务的过程。

2. 主题探究式

即学生围绕一个或多个经过结构化的主题，通过互联网进行自主探究式学习的一种学习方式。在这种自主探究式学习方式中，主题成为学习的核心，互联网成为学习的工具，而围绕该主题的结构化内容就是学生学习探究的主要对象。

3. 目标探究式

即在既定的学习目标下，以互联网为工具对学习的目标进行探究和落实的过程。学习目标是自主探究式学习的出发点和归宿，对学习起着导向的作用。

英语自主学习法的实践过程中也存在一些问题，如网络手段在英语教学中还未普及、教师对网络的教学监控不足、学习的信息反馈力度不够等。这就要求我们应采取适当的对策，如更新网络环境下自主学习的观念、激发学生自主学习的积极性、提高教师对网络学习的监控能力、在教学评价中注重反馈的作用等。

谈到网络英语学习自主性的培养，我们应当更加关注和研究学习者及其自主学习能力的制约因素。自主性受文化背景、学习者个体差异等因素的影响，应有不同的形式和程度。个性特征如态度、动机、学习策略等都制约着自主能力的发挥。只有考虑到这些因素，才能制定出更合理的培养策略，发挥网络优势，使学习者逐步适应英语自主学习。具体来说，应该做到以下几点：①在学习伊始就使学习者明确自己在网络自主学习中承担的角色和任务；②英语网络课程应有助于个性化教育；③激发学习者学习动机，培养合作学习精神；④帮助学习者掌握有效学习策略；⑤教师保持对网络学习的监控和指导。

（二）合作学习

合作学习在20世纪70年代初兴起于美国，20世纪70年代中期至80年代取得了实质性进展，形成了一个独立的理论体系，被广泛应用于教学实践，引起了学术界的高度重视。合作学习是以现代社会心理学、教育社会学、认知心理学、现代教育教学技术等为理论基础和实施手段，以开发和利用课堂中人的关系为基点，以目标设计为先导，以全员互动合作为基本动力，以班级授课为前导结构，以小组活动为基本教学形式，以团体成绩为评价标准，以标准参照评价为基本手段，以全面提高学生的学业成绩、改善班级内的社会心理气氛和培养学生良好的心理品质和社会技能为根本目标，以短时、高效、低耗、愉快为基本品质的一系列教学活动的统一。

合作学习就是以学习小组为基本形式，利用动态因素之间的互动，促进学生的学习，以团体成绩为评价标准，共同达成教学目标的教学活动。合作学习对于英语教学有着十分积极的作用。

用于英语学习的合作学习，其优势在于它鼓励并支持有利于英语学习的情感因素：①学习者在小组中进行交流时的焦虑程度远远低于当着全班学生回答问题时的焦虑程度；②合作学习促进小组成员之间的情感交流；③在交流中，学习者获得更多的可理解的语言输入，同时也向其他学习者提供类似的语言输出；④小组成员之间的相互合作和相互依赖有助于增强学习者的自信心和自尊心；⑤合作学习中，学习者得到更多的积极反馈和帮助，从而激发了更高的学习动机。

网络环境下的英语合作学习不但具有以上的所有优点，而且拓展了这种学习模式的对象和范围，为它提供了新的环境和途径。互联网络为英语学习者提供了真实自然的语言学习环境，避免了使用同一种母语的学习者过多依赖母语的可能性，使他们突破了课堂英语学习环境的限制，促进了他们随时随地同世界各地的英语学习者、目的语本族语者的交流与沟通，使他们能够直接模仿目的语本族语者使用的地道表达法。互联网络也有助于培养学习者的跨文化意识以及尊重他人和尊重不同意见的社会交往素养，有助于发展学习者的分析思维能力，有助于引导学习者从相互依赖逐步走向自我独立。基于网络的英语合作学习不仅有利于创造良好的情感环境，而且有利于学习者在有意义的任务中产出和理解语言，提高英语学习效果，更重要的是它鼓励学生进行高层次的思维技能培养，如分析、解释、归纳和阐述技能。

合作学习过程一般分为参与、探索、转化、展示和反思五个阶段。具体到网络环境下的英语合作学习，有学者提出了相应的合作学习过程，大致可分为组织准备、信息搜集与共享、成果展示和综合评价阶段。

1. 准备阶段

受传统教学（以教师为中心）模式的长期影响，学习者往往还不能迅速适应这种学习模式，因此教师在开展网络英语合作学习之前，需要对学生进行相应的培训，使学生有机会练习网络英语合作学习中所需的各种技能，培养相互合作以及交流技能等。提出学习任务的同时将学生分组，尽量做到小组成员在兴趣、能力和成绩方面各有所长，以保证各取所需，相互受益。小组成员根据任务进行讨论，交换不同意见，最后制订学习计划并进行明确分工。

2. 信息搜集与共享

小组成员各自收集信息，然后进行交流，实现资源共享。交流主要通过面对面或电子交流（如 E-mail 或网上聊天等）进行。各小组成员一起对所收集的信息加以整理、分析、修改并归纳，最后形成一致意见，所有小组成员的劳动共同形成学习任务的最后成果。

3. 成果展示阶段

每个小组通过网络向班级其他成员展示自己小组的成果并听取其他小组的反馈和建议，然后每个小组针对反馈信息进一步完善自己的小组成果。

4. 综合评价阶段

综合评价阶段是对整个网络英语合作学习活动的一个回顾与分析。学习小组成员相互通过面对面或电子邮件交流分析在该项活动中自己的收获、对小组所做的贡献、同其他小组相比自己所处小组的优势与不足以及完善途径等，教师可以从中发现问题并及时解决。

随着信息技术的发展，基于 CMC 的外语合作学习作为网络英语学习的新兴方向被提了出来。CMC（Computer-Mediated Communication，计算机媒介通信）是指在时间或空间相分离的不同个体和群体间，以联网的计算机为媒介所进行的通讯交流。主要形式有网上资源浏览、电子邮件、公告栏、计算机联网会议、聊天室、论坛等。CMC 具有以下重要特征和功能：①基于文本；②多对多交流；③同步和异步交流；④强大的资源支持和方便的信息获取；⑤支持超文本的信息组织方式。

基于 CMC 的英语合作教学的常用活动有：①切块拼接法（即成员先分别学习，然后互教）；②小组游戏竞赛法；③学生小组成就分工法；④集思广益法；⑤小组调查法；⑥合作写作活动等。

（三）协作语言学习

计算机辅助协作语言学习是指利用计算机技术（尤其是多媒体和网络技术）来辅助和支持协作语言学习。它代表了两种趋势的汇合，即普遍渗透于社会的计算机技术与新的学习方式（即协作学习）的汇合。学习者以小组形式进行学习，以计算机为工具，为了完成学习任务、达到共同的学习目标而进行合作互助。计算机的使用使学习者能够跨越时空限制进行协作学习，具有以往面对面的学习无法比拟的优势。

计算辅助协作语言学习的特点如下。

1. 交互性

计算机辅助协作语言学习不再是学习者的单独行为，而是语言学习者之间的交互行为，而且交互人数可变化（一对一、一对多、多对一、多对多），同步、异步交互均可，而且交互的过程可以记录保存。

2. 协作性

成员通过合作共同完成学习任务，分享学习成果。

3. 学习者的角色

学习者通过参与小组活动进行主动积极的学习，学习者必须为自己的学习承担责任，学习者被不断鼓励产生自己的想法，并将此过程反映出来；协作成员在提出建议、相互讨论、争论、做出让步、达成一致的过程中完成学习任务。

4. 教师角色的变化

教师转变成指导者、咨询者、设计者、调解者，教师要掌握的不仅是教学内容和目标的合理安排，更多的是学生的协作情况、学习进程的规划设计。

5. 计算机的角色

计算机技术可以作为个人认知能力的增强物，它是学习伙伴，但它只是一个组成部分。要达到学习目标，产生有意义的学习，离不开教学大纲、教学过程、教师参与、学习活动等。

协作学习的优点是小组成员通过交流和合作能够更深层地学习知识、更长久地保留知识，学会批判性思考的方式，发展寻找并解决新问题的能力，培养社会交往能力，培养对合作成员的情感以及对知识的主动学习的态度，建立良好的社会关系和学习团体的凝聚力。

根据英语网络学习的主要理论，如建构主义理论、认知学习理论和人本主义理论等，我国学者具体探讨了计算机多媒体网络环境下协作式英语学习环境的学习模块问题，认为该模块可分为非实时讨论系统（网上讨论区）与 Mailing List（邮件列表）、教师导学、协作学习和参考资料。

提供英语非实时讨论系统（网上讨论区）与 Mailing List（邮件列表）的目的是为学生提供使用英语的虚拟环境，创造学习英语、用英语交流的条件，实现学生与学生、教师与学生之间的非实时互动与讨论条件以及教师与学生和学生与学生之间相互解答他们在协作学习过程中所遇到问题的条件。

教师导学的主要任务是结合教学内容和教学进度为学生布置协作式学习任务，为学生提供来自学习方面的帮助，如信息服务、学习方法指导等，负责组织、指导和监控学生的学习过程，网上讲评上传的部分作业，以及防止学生偏离预定的学习目标等。

协作式学习的内容应该限定在与课堂单元教学课程有关的主题讨论、问题解答、作文评析和句子翻译批改的范围内，不宜过于扩大。利用网络环境进行协作式英语学习的模式，除了能够有效地延伸和补充课堂教学活动所需的时间外，同时也体现了一种超课堂的效力，可以保证让每一位学生都能有机会参与课堂教学活动，甚至让性格内向的学生开口用英语进行交流实践而不影响教学任务的顺利完成，可以为每一位学生批改作文和翻译练习，或讲评所有学生的家庭作业。

参考资料指的是教师为学生提供的为完成各项具体的协作式学习任务所需要的相关语料、资料和为学生提供的学习参考资料来源，如学习网址、查找资料的相关网址等。其目的是避免学生在网上漫游，浪费不必要的查找时间，使其能够把有限的学习时间切实用在学习上，与此同时提高教学设备资源的使用效度。

学者们还提出并论述了高校英语协作式学习过程应包含的几个环节，即任务布置、作业公示、网上讨论与作文评析、问题探讨、上传问题、咨询答疑和任务提交。这一协作学习的教学实践对于英语网络学习的研究与应用具有很好的启发意义。

（四）移动学习

随着互联网技术和移动通信技术的不断发展，英语移动学习越来越受到研究者和使用者的关注。在现代英语教育技术和教学应用领域内，移动学习模式逐渐由 E-learning（电子化学习）发展演变为 M-learning（移动学习），国内有学者甚至认为 M-learning 代表着中国英语学习的未来。英语移动学习属于广义上的计算机辅助英语教学范畴。国内移动学习的实践还大量局限在校园无线局域网和基于短消息的移动学习阶段，主要提供基于短消息的学习服务，有的成功案例是在移动学习平台上实现了学习英语单词的专用移动学习系统。教育部高教司试点移动教育与实践项目，研究方向有基于短信的教育平台、基于连接的教育平台、移动计算、移动数据库以及移动站点。当前，移动学习实践中英语移动学习系统开发最为普遍，新浪、网易、搜狐、TOM 等大型知名网站都推出了自己的手机短信息或 WAP 方式的英语学习辅导服务。

当然，英语移动学习系统也存在一些先天性缺陷需要人们注意，如移动学习的终端设备随处移动，这为学生学习英语带来了过度的随意性和不确定性，一定程度上破坏了知识学习的系统性和整体性；学生注意力容易分散，不易保持学习的连续性；学习成本即移动终端设备限制了移动学习的扩容和升级等。针对上述问题，有学者提出了相应的解决措施，具体包括以下几个方面。

1. 英语移动课程设计

英语移动学习的主课件要做到：①与电子教学提纲一一对应，努力细化教学单元；②教学单元间应呈现松散的知识结构，一个教学单元提供一个相对完整的知识内容，学生可以根据自己的忙闲程度适当安排学习；③每一个教学环节与上一个教学环节的依赖关系不能过于紧密，但一定要有些知识关联；④课件设计内容本着移动学习的宗旨，密切贴近学生工作和生活实际，在保证学习动机的前提下提高学习者的就业技能。

英语教师要针对关键知识点设计小型学习课件，其作用不仅是传递信息，还是以学生为中心，为学生设计、创造合作的机会，以真实的情境创设合作形式（对话练习、竞答比赛、竞猜谜语、角色扮演、小组讨论等），活跃英语移动学习气氛，丰富学习内容，通过宏观调控使学生成功进行英语移动交际活动。

应当设立分级的电子答疑系统。答疑必须响应及时，经过长期积累的答疑日后可成为该系统的共享模式。

2. 英语移动教学的配套措施

及时完善电子教学提纲，扩充电子英汉词典，增加电子课外读物，加强移动教学监控，及时向移动终端设备生产厂家反馈移动英语学习的使用情况等。

有学者认为，英语移动学习最先得到发展的应是函授教育、广播电视教育和网络远程教育，大学本科教育和中小学英语学习不应当得到先用。但从近些年的实践来看，大学生用户和高中生用户已成为移动英语学习的主力军之一。可以认为，今后我国英语移动学习人群将呈现出成人、大中学生并增的趋势，未来学生用户必将成为英语 E-learning 的最主要用户。

目前，移动英语学习最主要的学习模式有两种：一种是基于短信的移动学习，另一种是基于 WAP 链接浏览的移动学习。5G 时代的来临为移动英语学习拓展出了极大的发展空间，在该模式下，移动英语学习系统可以实现移动学习者与移动学习者之间的交互、移动学习者与 PC 学习者之间的交互。新型的移动英语学习模式具有更大的优势，可以实现智能化的信息推送、高效的学习和反馈、实时交互和对个性化学习的支持。

# 第五章 现代翻转课堂在高校英语教学中的应用

## 第一节 翻转课堂在高校英语教学中的应用及影响

### 一、翻转课堂在高校英语教学中的应用

（一）创新性优势

翻转课堂教学模式在高校英语的教学实践过程中，存在许多独特的优势。传统的课堂教学是一种教师向学生单向灌输知识的过程，此种教学模式过度注重知识在经由教师向学生传递过程中的最大化保留，没有考虑到学生个体的差异性与认知特点，未能够考量到学生能够在多大程度上理解并吸收知识内容。采用翻转课堂教学模式则能够弥补传统教学的不足，将学生的学习积极性充分调动起来，突出了学生在英语学习中的主体地位。同时，翻转课堂教学模式利用互联网信息技术，能够将全世界的优质教学资源整合到普通大学的日常课程设计当中，这样有助于优质教育资源的整合，并使得高等教育更加趋于公平。

（二）翻转课堂教学模式在高校英语教学中的应用

翻转课堂教学模式较传统教学模式有了很大程度的创新，既能够适应当前课程改革发展的需要，也能够满足当前高校对于学生英语水平的要求。

1. 高校英语听说课堂对翻转课堂教学模式的应用

听、说能力的培养是高校英语教学中的重要目标。将翻转课堂教学模式应用于高校英语听说课堂中，将听作为学生课前学习的内容，将说作为课堂交流活动的中心内容，这样既能够锻炼学生的英语听力，又能够增加课堂口语练习的时间，一举两得。同时，翻转课堂教学模式还积极地鼓励学生利用课余时间进行自主学习，如可以利用网络教学平台或者是自主学习室提升自主学习能力，在这个过程中，学生的个性化和主体化都能够得到充分的体现。

2. 高校英语精读课堂对翻转课堂教学模式的应用

教师在课前准备好相关的课程资料，学生可以利用教师给予的资料、教学课件、教学视频及微课堂等手段完成对基础知识的学习，内容简单，学生便于接受，有利于激发学生学习的主动性和积极性。在课堂中，教师可以抓住重点内容进行讲解，达到事半功倍的效

果。但是值得注意的是，教师在准备课前资料时，一定要结合学生的实际情况，如在教学视频录制时，需要考虑学生的学习情况和学习效率，选择有针对性的内容进行录制。将翻转教学模式应用于精读课堂中，教师所起的主要作用是帮助学生理解课文内容，鼓励学生积极讨论课文内容，并通过解答学生疑问达到提高学生表达能力和应用能力的目的。

将翻转课堂教学模式应用在高校英语精读课堂中，还可以运用项目式的学习方法达到教学目的。教师在备课阶段，需要结合教材实际内容，将具体的教学方法、教学步骤、教学内容和相关要求，以及能够引起学生兴趣的案例制作成丰富合理的教学视频，并通过网络教学平台上传；学生通过教学视频，采用小组学习讨论的方式完成学习任务，并以小组为单位进行学习情况的汇报总结。这种项目式的方法，充分把握了翻转课堂的理念，能够将自主学习、合作学习及师生沟通完美结合在一起，既加深了学生对课文内容的理解，又能够提高学生分析问题和探究问题的能力。

**3. 高校英语写作课堂对翻转课堂教学模式的应用**

英语本身作为一门语言课程，自主性的学习效果更优于教师强制性的学习效果，翻转课堂正是与这一要求相一致。英语写作领域，不仅要求学生具有丰富的语言知识，还需要学生深入了解英语国家的文化知识以及中英文写作模式的差异，这样才能够写出佳作。

在写作教学中，应用翻转课堂这一模式，能够充分挖掘学生的自主学习能力，全面提升课堂的互动效果，学生与学生、教师与学生之间能够通过交流与合作，完成对词汇、短语及句子的衔接，从而全面提升写作能力。

**（三）翻转课堂设计实践**

**1. 教学资源的预设准备**

课前资源包括微课和可供学生阅读的相关文章。近年来，虽然在国内微课已经热度很高，但真正针对自己学生状况的微课并不多，因此基本上要靠教师自己对现有的资源进行加工和改造，才能为己所用。

**2. 学习任务的指导设计**

翻转课堂的预设学习，不单单是观摩微课，教师还应根据学生学习的特点，设计出科学、有趣的任务，并提供完成任务的相关学习资源，引导学生逐步完成任务，最终达成目标。

**3. 练习题目的设计**

翻转课堂中的练习不仅要完成传统练习的任务，还要充分把握和分析学生学习中出现的问题。例如选择题，每个备选项最好是学生平日学习中易犯的典型错误，并能折射出一定的认知偏差。因此，练习的设计，很大程度需要教师养成日积月累的观察和反思能力，如此才能在设计实践中充分考虑及安排。

## 二、翻转课堂对高校英语教学的影响

（一）翻转课堂在高校英语教学中的应用优势

对于高校而言，英语教学站在一个比较特殊的位置之上。一方面，英语的学习和能力，与学生毕业之后的职业生涯保持着密切的联系；另一方面，高校阶段失去了升学的压力，考试的反拨作用因此有所抑制，相应地，学生参与英语学习的积极性也会大打折扣。从这样的背景出发，展开有针对性的分析，可以明确翻转课堂的应用对于高校英语教学的若干价值。

1. 推动学生主动参与学习

翻转课堂能够帮助学生主动参与到学习的过程中，通过对学习材料的自行阅读，来培养和提高学习的能力，从而不断推动英语学习的前进。

2. 及时获取学习情况反馈

翻转课堂的另外一个不容忽视的价值在于，教师可以通过课堂之上相关问题的解答，形成与学生之间的有效沟通，从而获得学生具体学习状况的有效反馈。不同于传统课堂讲授，翻转课堂要求学生更为主动地参与，因此问题的暴露也更为彻底。虽然在翻转课堂情况之下，仍然存在一些问题，但是相对于传统教学方式，其进步价值不容忽视。

3. 教学针对性有所提升

有了明确的学习效果反馈，从理论上就能够实现具有针对性的、更为有效的教学，至少可以说，反馈为针对性教学提供了一种可能性。教师可以通过翻转课堂的实施，发现学生学习过程中出现的问题和比较突出的不足之处，并且据此展开对于教学材料和进度的调整。在这个过程中，应当注意的是，教师的教学工作调整，本身关系到多个方面的细节问题，包括教学进度和必须完成的教学内容，以及学生应当具备的学习能力。因此，能否实现更具针对性的教学，还取决于教师能否不断加强自身素质的修炼。

（二）翻转课堂在当前高校英语教学中的应用优化

翻转课堂的价值，迄今为止可谓有目共睹，但是对于高等院校而言，英语教学的改进并非一朝一夕就能够完成的，唯有持续不断地优化，才能实现有效的提升。

1. 注重学习材料的选择与制作

在翻转课堂的机制之下，学习材料是学生推进学习过程中遇到的第一个工具，这个工具的内容选择，关系到学生能否展开一个新的环节内容的学习。对于英语学习而言，就是要保持一定的新鲜感，但是又不能脱离学生自身水平太远，要让学生能够通过这些材料发现自身能够提升的地方，能够获取到这一个章节需要把握的重点，但是又不能觉得无趣而失去学习的兴趣。对于这一材料的选择，关系到随后翻转课堂其他环节学生的学习积极性，更加关系到教学内容的连贯性与教学的有效性，因此必须引起充分关注。对于内容的安排，需要坚持一点，就是内容本身是依据进度而变化的，教学过程中不是要对没有跟上内容的学生加强训练，而是要根据学生的进度而优化和调整内容。

2. 加强课上对于学生学习状况的考查

加强学生学习状况的考查，是翻转课堂机制之下课堂时间的重要价值体现。虽然翻转课堂在一定程度上可以加强反馈，但是不代表不会存在滥竽充数和浑水摸鱼的情况，有些学生仍然会对英语学习保持避让，在课堂上企图蒙混过关。造成此种问题的原因众多，可能是学生水平与教学内容水平相去甚远，无法跟上，也有可能是缺少了升学考试的反作用而失去学习动力。但无论何种情况，教师都应当全心投入，发现端倪，进而实现改进。

3. 强化多媒体资源的有效、有序利用

当前信息背景之下，不仅仅是学习材料的发放可以通过多媒体以多种形态来实现，教学过程同样可以通过多媒体、多渠道方式展开。有时候学生可能不会愿意主动在课堂上透露学习中的问题，但是可以在群里说出自己遇到的困难。因此，教师应当积极启用多媒体渠道，完善翻转课堂教学体系，推进整体效果的优化。

## 第二节　翻转课堂对学生学习能力的培养

### 一、翻转课堂环境中学生的作用及特点

（一）学生主体作用的确立

1. 明确学习目标，激励学生主体意识的不断增强

（1）要明确英语学习的目的

当今是信息时代，英语是信息时代的重要载体。学生只有把英语学习的目的与自己生活的目标联系起来，才能把英语学习真正作为自己生活的一个组成部分，也才能真正增强自己的主体意识。

（2）要正确认识自己在学习中的作用

学习是获取知识的过程。知识不是单纯通过教师传授得到的，更是学习者在一定的情境下，借助教师和学习伙伴的帮助，利用必要的学习资料，通过意义建构的方式获得的。学生必须认识到：只有通过自己的努力，才能获得良好的学习效果。

（3）要善于自我激励学习动机

英语学习动机对学习兴趣的形成起着积极的促进作用，它是促进学生学习兴趣形成的基本条件。只有拥有强烈的学习动机，才可以拥有强大的学习动力，也才能主动地投入英语学习中去。

(4) 要善于自我调动学习的主动性

学生要自觉地确立学习目标，制订学习计划，总结学习方法。从学习知识、解决问题的过程中获得某种满足感，并以兴奋活跃的思维状态去面对英语语言知识和技能，在加强基础知识和基本训练的同时，使基础知识转移为语言技能，并发展成运用英语进行交际的能力。

2. 以教师正确的教学理念促进学生主体地位的体现

要充分发挥学生的主动性和积极性，确立学生的主体地位，教师应做到以下几点。

(1) 更新教学观念

首先，要具有新的人才观。21世纪是高科技、高竞争的时代，对英语人才的要求显然与过去不同。传授英语基础知识是教学过程中不可缺少的重要环节之一，但更重要的是发展学生的能力，以适应时代的要求。其次，要认识教师角色的转变。以往的英语课堂教学，教师多数扮演的是一种家长式的角色，而现在要求教师在教学方法方面做出最重要的改变是"走出演讲的角色"，所有优秀的教师都是学习过程中的激励者、促进者、辅助者和协调者。

(2) 确立"为学而教"的指导思想

要充分发挥教师在课堂教学中的主导作用，教师要把以"教"为重心逐渐转移到以"学"为重心，把以"研究教法"为重心逐渐转移到以"研究学法"为重心，并做好教与学的最佳结合。以"学"为重心，其基本精神就是使学生爱学习、学会学习并养成良好的学习习惯。面对21世纪对人才的需求，"授人以渔"已成为师者的最高教育境界。

(二) 学生主体作用发挥的特点

1. 注重语言交际功能

英语教学的实质是交际，是师生之间、学生之间的交际。英语教学就是通过这些交际活动，使学生形成运用英语的能力。在交际过程中，师生双方的认识活动也是相互作用的。学生认识英语的进展，离不开教师对教学规律的认识；教师对教学规律的认识，也离不开学生在教师指导下学习的客观效应。教学就是为了促进这种交流。

2. 激励创新思维发展

当今时代，知识更新日益加快，衡量一个人素质的主要标准不再仅仅是他占有知识的多少。21世纪更加强烈地呼唤着教学对创造性思维的培养。在英语课堂教学中，为了充分发挥学生的主体作用，就要特别注重学生思维能力的训练。

(1) 精心设计课堂提问

课堂提问是一种最直接的师生双边活动。教师在着重培养学生思维能力的前提下，要注重课堂提问的艺术、质量和效果，所提问题做到有利于促进学生认知能力的发展，而非纯知识性，有利于建立学生的思维模型，有利于培养学生的发散性思维。

**(2) 注重创新能力培养**

在新编英语教材中，有些课文以对话形式出现，要求学生以短文形式进行改写，有些课文可以要求学生改编为对话形式，有些课文可以要求学生进行课文续写或对故事结果进行想象和辩论，以培养学生的创造性思维能力。

### （三）充分发挥学生主体作用的措施

主体性是人的本质属性，是现代人素质的重要特征。学生作为教学活动的主体作用主要体现在：学生是受教育的主体，一切教育活动都要服务和服从于主体，调动他们能动地发挥自己的潜能；同时，作为教学活动的中心，学生是内因，教师、教材、教学手段和方法都应服务于学生的"学"。教师应科学地引导学生积极参与到教学活动中，扮演教学活动的主角，而不是把学生看作被动接受知识的对象。教师在引导学生学习的同时，必须充分调动和发挥学生的主观能动性。学习效果的好坏，很大程度上取决于学生。

**1. 构建平等、和谐的师生关系**

传统英语教学中的师生关系，实际上是一种不平等的关系。教师是教学的主体，他们根据自己的设计思路开展教学，并对学生学习做出权威的评价。这种"不平等"的师生关系，遏制了学生的语言学习欲望，严重阻碍了他们的创新思维和学习主动性的发挥。以学生为主体的教育，强调一种新型平等的师生关系。教师要走进学生当中，与他们建立互信、平等交流的新型关系，为学生营造宽松和谐的学习氛围，从而真正体现教学相长的思想。教师应抛弃传统教育观念赋予自己的权威，正确看待学生提出的观点，以理解的眼光看待他们审视问题的角度，真正建立起平等的双向沟通交流管道，从而最大限度地发挥学生的主体作用，挖掘他们的潜在能力，获得最佳教学效果。

**2. 正确引导学生充分认识自己在学习中的作用**

建构主义学习理论认为，知识不是通过教师传授得到的，而是学习者在一定的情境（即社会文化背景）下借助其他人（包括教师和学习伙伴）的帮助，利用必要的学习资料，通过意义建构的方式获得的。它提倡建立教师指导下以学习者为中心的学习，既强调学习者的认知主体作用，又不忽视教师的主导作用。教师是意义建构的协调者和帮助者，而不是知识的灌输者。学生是信息加工的主体，是意义的主动建构者，而不是外部刺激的被动接受者和被灌输的对象。要引导学生认识到自己是学习的主体，学习主要靠自己，教材只是为自己提供了一个知识的原型，教师只是自己通向知识宝库的引导者，只有通过自己的努力才能真正理解知识内涵，发现事物的本质，提高自己的能力。

**3. 积极挖掘和培养学生的内部学习动机**

学生学习动机是促进学生学习兴趣形成的前提条件。一个有强烈学习动机的人，才可能有强大的学习动力，也才可能主动地投入学习中去。学习动机包括四种类型：①外部动机：学习的目的是获得某种物质奖励。②社会动机：学习的目的是让身边某些人物（如父母、教师）高兴。③成就动机：学习的目的是体现自身的优越性，获得某种价值感。④内部动机：学习是因为学习过程能满足自己情感或智力的需要。

随着第一种动机发展过渡到第四种动机，学习者的学习目的逐渐由外向内转移，逐渐由关心学习结果向关心学习过程转移。因此，善于培养学生自我激励学习动机，促使他们积极主动地投入学习过程，并从中获得乐趣，这对充分发挥学生学习主体性、全面提高教学效果具有很重要的意义。

4. 充分调动学生自主学习的主动性

学生学习的主动性包括学习的自觉性、趣味性和思维的积极性。具体地说，学习自觉性包括学生能自觉地确立学习目标，制订学习计划，总结学习方法和解题技巧，整理教材知识，建立认知结构，发现和解决问题。学习的趣味性是指学生能从学习知识、解决问题的过程中获得满足感，并沉浸于知识的学习和问题的解决之中。思维的积极性是指学生能够以兴奋活跃的思维状态来面对英语语言知识和技能，在加强基础知识和基本训练的同时，使基础知识转移为语言技能，并发展成为运用英语进行交际的能力。

5. 全面培养和激发学生的学习兴趣

兴趣是学习的动力，学习英语的兴趣越浓，学习的积极性就越高，学习的效果就越好，如果能把兴趣培养成为学生学习英语的一种心理需求，就可以使学生养成自觉、主动学习英语的习惯。课堂教学是教师激发学生学习兴趣、提高学生参与行为的重要场所之一。在教学上教师应尽量满足学生的需求，并使课堂显得生动活泼、有吸引力，做到在传授知识的同时又注重学生能力的培养。这样，就能极大限度地激发学生学习英语的兴趣，使他们逐步改善学习态度和学习方法，继而产生强烈的课堂参与和互动的愿望。这会极大地促进教学活动的开展和教学质量的提高，使教与学真正进入良性循环。

为此，教师在设计和开展课堂教学时，要做到以下几点：

首先，要为学生创设最佳的学习状态。影响学习的两个核心因素是状态和策略。"状态"是指创造学习的适当的精神状态；"策略"代表授课风格和方式。而传统的以教师为中心的教学模式，却忽视了确立学生学习的"状态"。学习之"门"必须打开，否则实质性的学习无法发生。学生在英语课上的感受直接影响他们学习英语的积极性。平淡无奇、呆板乏味、一成不变的教学方法，会压抑学生的学习兴趣。课堂以教师为中心，学生处于被动的地位，难以进入学习之"门"。相反，愉快的课堂气氛、轻松的学习心态、有趣的语言环境和积极的自我参与意识，能促进学生最大限度地获取语言信息量。

其次，要创造仿真环境，使学生置身于地道语言学习情境之中。英语语言知识是学生在教师的指导下，在一定的语言情境中不断训练而掌握的。学习环境中的情境必须有利于学生对所学内容进行意义建构，教师的教学计划要考虑创设有利于学生建构意义的情境，并把情境创设作为教学设计的最重要内容之一。

最后，要创造条件，激励学生创造性思维的发展。当今信息时代知识更新日益加快，新形势下人才培养的标准不再仅仅是他占有知识的多少，而是更加强烈地呼唤着对能力和创造性思维的培养。

## 二、利用翻转课堂模式培养高校学生自主学习能力

在英语学习中引入翻转课堂，可以满足学习者个性化学习的需求。在这种模式下学生成为学习的主体，但有效的自主学习是前提，在运用过程中要诊断问题，并探究新的路径和控制策略。如果在这种学习过程中注重自主学习能力的培养，进行有效的学习，该模式将能为英语教学改革开辟新的路径。翻转课堂是指在信息化环境中，教师创建相关课程内容的教学视频和各种信息化资源，学生在课前自主观看学习教学视频等教学资料，在课堂上师生共同完成作业答疑、互动交流和协作探究等活动，实现其对新知识的掌握和内化，从而完成学习过程的一种师生教学互动模式。

（一）翻转课堂中自主学习的核心特征

1. 有目的地学

在翻转课堂中，自主学习首先体现在自主学习任务书的填写，它是由师生共同填写的，是学生进行自主学习的导航。学生的学习目标、学习任务都会在其中体现，它能让学生在教师的指导下，按照自己原有的认知水平和知识储备，有步骤、有目的地学习，学生的自主学习不再是盲目的计划。其次，在学习资源方面，它不同于传统教学中的自主学习资源，如学生在课前预习时通过阅读教材对知识一知半解，或是自己在网上搜索出的视频讲解，与所学课程重点无法对接。在翻转课堂中，学习资源是教师通过反复研讨，对适合本章节或项目的学习目标进行设计和整理出来的，能够对学生的自主学习进行有效调控。最后，在课前的自测练习和课上教师对学习任务完成情况的点评，使学生自主学习时能够正确地自我反馈和自我总结。总之，翻转课堂中的自主学习培养了学生的元认知，使学生对课程能够有目的地学。

2. 主动地学

根据多元智能理论，在师生共同编制自主学习任务书的最初阶段，教师应给出建议的学习或工作目标及对应的不同难度等级的学习或工作任务，允许学生依据自身不同的基础自主选择并进行适度修改，学习资源的提供也是分层次的，这尊重了学生学习能力与基础的差异性。这样，学习成果的优异，对于不同水平的学生来说再也不是无法触及的，从而激发了学生内在的动机性学习和有兴趣的动机性学习，进入自主学习的良性循环中，不会像传统教学中，大部分学生毫无学习成就感。在翻转课堂进入成熟阶段，学生可以掌握更多的自主权，主动选择适合自己的既有挑战性又可以通过努力完成的学习目标和学习任务。总之，翻转课堂使学生逐步脱离了对教师讲授的依赖，在教师的指引下能够主动地

去学。

3. 有选择地学

在填写自主学习任务书时，由于学习目标和任务具有选择性，以及教师提供的学习资源具有多层次性，学生能够很好地选择出适合自己的学习内部环境。教师根据学生学习认知水平均衡的原则，合理地组建学习小组，制定小组组长的轮换机制。任务展示前的小组内的激烈讨论，以及任务展示中的小组间的相互点评，让在课堂上的学习氛围更加浓烈，这使得学生对学习的外部环境具有选择的、可控的能力。总之，翻转课堂中的自主学习提升了学生的学习效果，使学生的自主学习具有选择性。

（二）翻转课堂中自主学习的学习资源

1. 自主学习任务书

自主学习任务书是以表格的方式呈现的，它是由教师和学生共同设计编制的。它是学生自主学习的指明灯，也是教师制作微课的依据，是自主学习在翻转课堂中的充分且必要条件。它主要分为学习目标、学习资源、学习方法、学习任务和学习评价等项目。它是学生根据自身的实际情况、学习时间和学习内容有规划地进行自主学习。它是教师能够有效进行翻转课堂的得力助手，是改变教学模式、提高教学质量的关键。自主学习任务书中的学习目标和学习任务，一定要注意不是教师来下定论的，它是在明确以学生为主体地位，必须由每位学生根据自身的学习基础和学习能力成长水平的特点，在教师的指导下按需要完成的。学生的学习态度、学习过程和学习方法等，参照学院批准的课程标准，由学生和教师共同进行客观评价。在填写自主学习任务书的过程中，教师在把主动权交还给学生的同时，要加强对学生学习过程的监督和指导，既要让学生树立起主动学习的责任心，也要让自主学习成果得到有效的保障。学生从依赖性地学习到主动自主地学习的转换，离不开教师智慧的监督和干预，自主学习任务书就是这个转换过程的有力手段，使学生在了解自身学习水平的同时，明确学习目的，激发学习兴趣和学习动机，能够有计划、有管理、有反馈地完成学习任务。

2. 微课

（1）教学主题设计

在一门课程实施翻转课堂教学模式的过程中，教师要组成团队，根据学生学习特点，共同制作一系列对课程有价值的微课视频和学习资源包。公共课应遵循"多元智能的学生观"，以学生的现有水平为学习起点，以学习实践知识和必要的理论知识为基础选择课程内容，确定教学主题；专业课遵循"过程导向的课程观"，按照职业工作过程分解课程，从职业工作出发选择课程内容，确定教学主题。微课不能脱离学习任务单独设计出来，它要依据自主学习任务书中已经确定的学习任务，选择符合学生学习认知范围的内容进行设计和开发，一定要简明扼要解决问题。

(2) 教学内容制作

①分析。在学科带头人的带领下，教师要对微课的制作进行研讨。首先，要明确制作的微课要给什么样的学生进行展示，这些学生具有怎样的学科基础和智能特点；其次，要分析教学需求，清晰地明白微课为什么做，能够解决怎样的问题；最后，要细化知识点，将知识点进行切割，要做到一个微课的内容只展示一个知识点，只解决一个典型的问题。

②设计。第一，学习目标的设计。必须明确一个微课视频主题的唯一性，要能体现出一个微课的教学目标是什么，能够让学生知道什么、掌握什么。微课的时间不宜过长，要控制在 10 分钟左右。如果是重点内容，短时间内无法讲述完整，可以将其分解成若干个小的主题片段来呈现。第二，表现形式的设计。微课需要脚本设计。不同的学习内容要用不同的呈现方式。根据学习目标需要，来确定微课的视频形式。录屏式，可采用计算机和手机软件来进行，在同期配备讲解的画外音，适合理论或流程为主的知识点；实地拍摄式，适合实践性比较强、动手性比较强的课程，视频中出现的是演示的动画、技术技能的示范操作；可以选择教师是否出镜，或者选择画中画模式，但要充分考虑教师讲解图像的大小和布局，以免分散学生注意力。第三，教学活动的设计。视频的制作不是为了取代传统的课堂授课形式，而是通过刺激学生的感官来促进学生动脑学习。在开发视频时，根据教学内容需要，确定微课中的教学活动，同时要考虑吸引学生注意力，激发学生学习的需要。教师从头至尾一味地讲会使学生有倦怠感，可以在微课中设置必要的练习环节，练习内容以问答、选择为主，学生不需要经过很长时间的思考就能作答，设置练习环节的目的，只是引导学生学习，保证视频观看效果。

③制作。微课视频的制作，可以采用原创开发、加工改造、行业资源引用和以往学生优秀案例引用，由教师和学生共同完成。第一，原创开发。教师教研团队录制的微课视频，是教师根据课程标准中设定的教学目标和教学内容研讨出与之相符的视频资源，甚至可以根据本专业学生的知识差异性，来制作出不同层次、不同时长的视频。第二，加工改造。教师也可以利用网络视频资源，查找相关优秀的视频作为脚本，根据本课程的目标和内容进行重新组织，经过加工编辑，将其制作成为己所用的微课视频。第三，行业资源引用。目前，微课广泛应用于行业、企业内部培训，且行业、企业的微课多为职业真实情境，专业课可以引用相关行业、校企合作企业已建设完成的优质业务培训微课视频服务于翻转课堂教学。课程建设团队也可以根据教学内容需要，与企业共建真实职业情境下的微课教学视频，聘请企业专家录制微课视频，为学生提供优质微课视频资源。第四，以往学生优秀案例引用。在实施翻转课堂教学过程中，教师应注意收集整理学生录制完成的优秀案例，进行剪辑编制后应用于教学当中。教师也可以与学生共同进行微课设计与制作，学生的创意更贴近自主学习实际，因此可以大胆地将课程中的简易工作任务交给学生来完成，这样更能激发学生对所学内容的兴趣。

④发布。课程团队要选择课程翻转课堂教学平台进行微课视频的发布，教学视频一定要与自主学习任务书同时发布，以便学生依据自主学习任务书的内容，通过观看微课视频来进行自主学习。发布的时间要符合课程的教学设计和教学安排，既要保证学生有足够的时间完成课前任务，也要预留教师检查学生学习反馈的时间。在翻转课堂实施的前期，教师要让学生逐步适应新的教学模式。

### （三）翻转课堂中培养学生英语自主学习能力的路径

自主学习不但受到学习者个体内在因素的影响，还受到诸如社会环境、学习氛围、师生关系、信息资源等外在因素的影响。在翻转课堂模式下，学习者可以通过以下途径来提高英语自主学习能力。

#### 1. 设置合理的学习目标

在翻转课堂的学习中要注意设置合理的学习目标，提高学习者的自我效能感。翻转课堂的视频内容的选择和安排要注意设定相对具体的学习目标，这些目标相对简单，学习者在短期内能够实现，如在教学视频后设置小测验或者闯关游戏。学习者可以轻松地在英语小测验或者闯关游戏中进行语音的纠正、同学之间的竞赛。由于近期目标比较容易快速地实现，学习者能够较快地体验到成功带来的喜悦，进而产生学习兴趣。然后学习者再设置较高难度的目标，但是这些目标需要通过努力才能实现，如需要通过小组或者师生协作、互助完成英语项目。这些复杂的学习目标，在学习过程中可以通过重新分解，变成若干个相对简单的目标。教师在帮助学习者设置学习目标时要向他们讲解如此制定目标的意义，并且调节不同学习者的评价标准，给予适时的评价，充分挖掘优点。合理的学习目标、可以仿效的学习榜样都可以帮助学习者增强自我效能感，从而达到令人满意的自主学习效果。

#### 2. 注重英语学习过程的交流与合作

自主学习并不是孤立学习。自主学习虽然强调学习者的主动性和独立性，但不排斥合作和交流。每个人考虑问题的角度不同、思维模式不同，如果学习者能在翻转课堂自主学习的基础上进行协作学习，就视频中所遇到的问题进行讨论、探究，进行观点的交流和思维的碰撞，那么就可以有效提高分析问题、解决问题的能力。学习者的社会性是成功开展自主学习的重要条件，研究表明，在学习中的人际互动能够更好地提高学业成绩。师生之间、生生之间如果组成学习的共同体，将能够相互启发、互助互学，达到资源共享。这种互动学习往往会起到教师讲解无法达到的效果。在以人际互动为取向的教学模式中，由于学习者的主体地位得以体现，学习积极性将得到增强，学习的自主特征也会更加明显。因此，教师在翻转课堂的课前学习中可以布置各种合作学习任务，促进学习者的交流互动，对所学的知识进行运用，并且互相监督自主学习过程。

合作学习要求小组成员之间互相协作完成任务。如在英语口语教学中，学生在观看相关语言点的视频后，教师可以根据社会的热点问题让学生在课余以小组合作的形式拍英文的小视频或者制作PPT，共同完成基于真实语境的教学任务。在制作过程中，学生会有较大热情去查找相关的英文资料，反复练习英语口语，使听力、口语得到一定的练习。然后在课堂上呈现PPT或者视频和同学进行评论和打分。在这过程中，教师要对学生的成功之处给予充分肯定和表扬，同时也要让学生了解自己的不足。

翻转课堂的学习还可以充分运用"高足弟子传授"的教学方式，在这种教学方式中先进分子的引领作用非常明显。教师在信息化环境中提出问题之后只需负责引导和监控，问题则由优秀的学生在网络上进行回答，去引领和带动其他学生。由于教师不在场，学生需要帮助时学习伙伴就充当了教师的角色，从而使问题得到及时的解决，语言知识得到进一步的巩固。翻转课堂的学习中，还可以充分利用大众化的英语网络社交平台，学生在这些平台上可以进行口语交流、听力练习、问题解答，并分享学习体验和心得，从而形成交互式的网络学习社区。这样既解放了教师，又满足了学生个性化的学习需要。

3. 为自我评价提供持续的评价信息和情境

自我评价是指最终获得成绩与预先设定目标之间的比较结果。在学习过程中，学习、反馈、评价、修正形成闭合的自主学习循环链，学习者通过监控自己的学习策略、方法、技巧在实现学习目标方面的效果，并就反馈信息做出回应，在循环过程中，学习者的学习得以不断提高。有效的评价信息可以促使学生进行自我监控。自我监控可以生成引导后续行为，是目标和过程联系的认知过程，在自主学习中非常关键。自我监控依赖于两个重要的自主成分：反馈和目标设定，它们相互作用促进自主能力的发展。反馈信息可以促使学习者在自主探索和建构知识的过程中，形成对客观事实的认识能力。合理及时的反馈可以激发学习者的学习热情，维持学习者的学习动机并使用正确的学习策略。

在翻转课堂的学习中，教师可以根据学生的特征差异和学习需求，以及学生在学习过程中的表现，如小组学习和协作学习中的口语对话、合作交流的表现、参与程度、参与频率等给出不同的成绩评定并布置个性化的任务。充分利用翻转课堂的各个平台，如慕课、网络课程、网络资源库的管理模块，记录学生在学习过程中的作业提交、讨论数据、登录情况等数据，为学生建立个人学习档案。根据学习过程中的表现和个人档案中的数据，评定学生学习成绩，采用形成性评估和终结性评估相结合的方式，这可以在一定程度上约束和监督学生的自主学习行为。

（四）翻转课堂模式下教师的课外准备及控制策略

自主学习不是没有教师参与的学习，在学生能够完全进行自主学习之前，教师提供的有效支持和帮助是必不可少的。在翻转课堂的英语学习中，教师可以做到以下几点。

1. 建立丰富而有特色的翻转课堂学习资源

在翻转课堂中，教学视频承担了传授知识的重要任务。教学视频的作用是"激发、影响和告知",其特点为生动的、有教育意义的、创造性的、可引人思考的、可以理解的、相关的和令人兴奋。英语翻转课堂的视频设计可采用多种形式,如提问、对话、分析。视频的长短根据教学内容、学生特点及一些具体情况来把握,但是不宜时间过长。视频学习之后设计随堂测试,测试可以设计成通关游戏,答对的学生才能进入下一个教学环节。这种教学模式可以充分利用学生的碎片化时间,满足其随时随地学习的需要。在视频讲解时注意语音清晰,语速适中,语言生动幽默。课程设计上将知识点都嵌入交互式的问题设计,在知识呈现环节,通过色彩、符号或者特写突出重点。翻转课堂的课前自主学习资源,除了教师事先制作好的视频资料,还要有更加丰富的教学资源,促使学生个性化学习,提高学习兴趣。教学资源除了教材内容,还要包括对教材有补充且满足学生实际需求的内容,突出英语的丰富性和人文色彩,营造出接近以英语为母语国家的学习气氛。翻转课堂的教学资源的建设,需要设立清晰的导航导学栏目,以主题单元为主线,归类各类资源,设立课题库、视频库、案例库、习题库、作品库等。

2. 注重发挥教师的指导作用

翻转课堂并不是"视频教学"的代名词,课堂上以教师与学生之间互动交流为外在表现形式的"知识内化"的过程,才是翻转课堂的核心和关键所在。从表面上看,翻转课堂似乎用视频教学取代了教师,教师的作用被弱化,但是实质上,课堂通过翻转,教师不再只是教学的传授者,更多成了学习过程的指导者和促进者,学生主动探究知识,成为学习活动的主体。在翻转课堂学习过程中,教师的作用其实是得到了强化而非弱化。教师是翻转课堂自主学习中学生学习的伙伴。在慕课、云计算、物联网、大数据等综合技术支持下的翻转课堂,教师可以利用平台上产生的海量的学习资源,不断改进教学内容和教学环节设计,提供个性化学习服务。教师通过有意识地培养学生发散思维、创造性思维、学习策略运用能力、沟通合作能力等综合素质,帮助学生提高知识内化能力。通过多种交流方式,如课堂面对面的交流、网络课程的答疑板块、电子邮件、QQ、MSN、微信等多种渠道进行书面或者口语的交流,形成师生之间多元化、多维度的交流机制。英语的互动交流、答疑解惑可以在帮助学生完成知识内化的同时,纠正语音、语法、表达的错误。相比传统的课堂,学生用英语表达的时间、方式、空间得到了有效的延伸,学生在完成大量语言输入的前提下实现良好的语言输出,并且在互动交流中,学生获得良好的心理体验,从而形成教学相长的良性循环。

翻转课堂无疑是一种新型的、有活力的教学组织模式。翻转课堂满足了英语学习的个性化学习的需求,有利于学习者自主学习能力的提升,有助于构建新型师生关系,有助于促进教育资源的重新整合与优化配置,实现教育公平。如果能在翻转课堂学习过程中注重学生自主学习能力的培养,发挥学生的主观能动性,将能够有效弥补现行的英语教学模式中存在的一些弊端,为英语教学改革开辟新的思路。

# 第三节　翻转课堂在高效英语教学中的创新路径

翻转课堂教学中，最重要的概念是翻转。这里所说的"翻转"，包含着以下两层意义：

首先，翻转课堂教学是学生和教师在课堂教学角色中的翻转。在我国传统的教学模式当中，学生的地位十分被动，大部分时间里都是坐在课堂上听教师讲课，由于学生对课堂教学的参与程度较低，所以他们在课堂教学中，就会很容易出现上课专注度较低以及对课堂教学缺乏学习兴趣等情况。而翻转课堂教学则突出了学生的主体地位，并在实际的课堂学习中，给予学生了一些自主权，使学生意识到自己才是课堂学习中的主体，教师则是充当配合学生完成知识学习的引导者的角色。这样不仅会激发学生对学习的积极性，还会使学生的学习成绩得到显著提高。

其次，翻转课堂中的翻转还表现在课堂内部学习以及课堂外部学习两个方面。在我国传统的英语教学模式当中，学生的课堂内部学习，是学生获取知识的主要途径，而课外学习则是课内学习的巩固和升华。但是翻转式课堂学习模式却恰恰与之相反。在翻转课堂的教学模式当中，课外学习是学生学习文化知识的主要途径，学生对于很多基本知识的学习，都是通过自身的课前预习来实现的。学生在上课之前，对所要学习的知识进行预习，可以节约教师课堂教学的时间，使教师能够有足够的时间组织学生进行与课堂教学内容进行相关的讨论，并且对于一些课堂教学中的重点和难点，进行集中式的谈论。在讨论结束以后，教师还要组织学生对这些知识进行讲解，在必要的时候，教师还对课堂教学中的内容进行必要的总结和补充。

近年来，翻转课堂教学作为一种新兴的教学模式，已经逐渐地被不同的学校应用到各个学科的教学中去。很多高校在翻转课堂教学模式的应用过程中，取得了较为理想的效果，也有的学校将本校较有成效的教学理念和教学模式制作成了相关的教学视频，并将这些教学视频通过网络的形式进行上传，为世界各地学校开展翻转式课堂教学提供了借鉴。这些较为成功的教学课件，一经上传就获得了大量的点击量，并且获得了教育学界的一致好评。目前，世界很多学校对于翻转式课堂教学模式的应用，取得了一定的成就，在教学模式体系的构建方面也变得日趋完善。为了使我国翻转式的课堂教学模式取得较为成功的效果，将从以下几个方面对英语课堂教学模式进行翻转研究：

第一，学校在对学生的英语课堂教学实行翻转式教学的过程中，要使学生对自身在翻转式课堂教学中充当的角色加以明确，并让学生明白什么是翻转式课堂教学，以及翻转式课堂教学的具体意义。为了打破英语教学模式中，对人才培养存在的高分低能的现象，在英语教育中实施翻转式课堂教学是十分有必要的。在翻转式的英语教学模式当中，应该着重对学生进行英语能力的培养。其中，首要的就是转换学生的英语学习观念，使学生明

第五章　现代翻转课堂在高校英语教学中的应用

确,课堂教学的中心既不是他们所认为的教师,也不是作为教师教学依据和学生学习依据的教材,而恰恰是学生本身。英语教师也应该对自身在课堂教学中所充当的角色加以明确,并且要扮演好学生英语学习过程中指路人的角色。此外,学校还要对英语学习的考核以及评价机制进行相关的改革,让学生摆脱传统英语学习过程中的包袱,不要为了成绩而被动地去学习。

第二,学校在实行翻转式课堂教学模式教学的过程中,要对学生的合作意识进行培养,并且要对学生的主体性定位进行充分的发挥。翻转式课堂学习并不是独立存在的,而是需要一些教学模式作为依托的,而合作式学习则是翻转式课堂教学中的一个重要组成部分。一般情况下,我们所说的合作式学习,主要包括课堂内部的小组合作和课外的小组合作两个部分。首先,我们先来讨论一下课堂内部的小组合作。为了使每个学生都能够充分地参与到翻转式课堂的学习中来,英语教师在对学生进行英语教学的过程中,要根据学生的实际情况为学生划分学习小组。在对学习小组进行划分时,英语教师要对学生的学习能力以及活跃程度进行充分的考虑,不能为了方便或者是节约课堂的时间,而仅仅是凭借着座位为学生划分英语学习小组。英语教师应该意识到,在一个英语学习小组中,如果大部分学生都过于活跃,那么他们在进行课堂讨论的过程中,在对课堂知识的讨论结束以后,很容易在课堂中说一些与实际课堂教学无关的话题。而对于活跃程度较差的学生来说,他们在进行小组讨论的过程中常常缺乏足够的热情,只是为了应付教师的检查,而做一些形式主义的事情。所以,英语教师在进行学习小组的划分过程中,要对这些问题进行充分的考虑,尽量做到学习小组划分的合理性。除了课内学习小组以外,对学生进行学习小组的划分还包括课外学习小组的划分。由于翻转式学习模式要求学生利用课余时间对所要学习的知识进行预习,并对一些基础的知识加以掌握,而课外学习小组的设立,会为学生的课外学习起到很好的监督作用。

第三,学校在开设英语翻转式课堂学习的实际教学工作时,除了要将注意力放在提高学生的基础知识上面,还要注重对学生进行学习能力的培养。众所周知,英语是一门语言,学生学习英语是为了以后能够在实际的环境中对其加以利用。所以,学校要积极为学生创造英语实践的机会。比如,教师可以利用学生的课余时间,组织一些与英语学习相关的课外活动。在课外活动的选择上,英语教师要遵循多样性的原则,除了传统的外文朗诵、外文话剧以外,还要组织一些外文歌曲比赛,使学生在轻松愉快的氛围中,对英语知识加以利用。另外,教师在组织英语活动的过程中,应该充分发挥学生的主体性地位,让学生感受到自己是活动的领导者和参与者,进而激发学生的积极性,让学生主动地参与到课外活动中来。对于一些有留学生的高校,教师要为本校学生和留学生之间建立起较为紧密的联系,这样留学生和本校学生之间就会相互帮助,进而促进学生英语学习成绩的提高。

翻转课堂的出现，改变了我国英语课堂教学的现状，突出了学生的主体地位，从根本上调动了学生学习英语的积极性。从目前的情况来看，我国英语教学的翻转课堂建设已经取得了一定的成就，但是对英语翻转课堂的建设是一个相对动态的过程，需要随着时代的发展不断地丰富和完善，并需要我们每一个教育工作者的共同努力。

# 第六章 高校英语线上、线下混合教学模式创新

## 第一节 高校英语线上、线下混合教学模式的目标与理念

### 一、线上、线下教学目标

(一) 课程目标是学习的出发点

"以学生发展为中心"的课程目标重点是要培养学生的自主学习能力、创新能力及协作沟通能力。对学生自主学习能力的培养，教师可将教学内容中的知识点录制成微视频，学生利用网络多媒体设备或移动通信终端等进行自主学习。假设在学习过程中出现难以解决的重点、难点，学生可以通过暂停、多次回放和反复观看视频等多种功能加以解决，这样也可以使学生的自学能力得到锻炼。对于学生创新能力的培养，教师在录制微视频时要创设与教学内容相符合的教学情境，让学生将枯燥的知识灵活应用，用于实际。同时，教师在设计多媒体教学视频时要巧设疑问，使发掘问题、剖析问题、解决问题的过程变成学习三部曲，进而发挥学生的创造性思维，以克服传统教学模式"只灌输"的局限性，从而激发学生的创新意识。而对于学生协作沟通能力的培养方面，教师在制作视频教学内容时，可在知识点讲解后增加测验题，针对学生的学习效果进行检测并及时得到反馈。此外，学生可以组织互动学习小组进行探讨与交流，及时对测验中存在的问题进行答疑解惑，真正将知识化为自我的财产，并在良好的互动过程中分享自己的学习经验和成果，这也可以使得学生的协助沟通能力上一个台阶。

课程要求对课程体系起到一定的支撑作用。个性化学习就是为每个学生定制符合自身的学习策略和学习方法。学生根据多维化的教学内容，并按照自身的学习能力、兴趣爱好等选取合适的学习内容，在经过一段时间的学习后，能正确地找到自己的薄弱之处，选择相应的知识点检测，通过做题、查看检测结果、针对性训练、个性化学习等进行循环训练。此外，学生也可根据自身的情况采取 4A 学习法（Anytime、Anywhere、Anyway、Anybody），即在任何时间、在任何地点、采用任何方式、从任何人那里学习。"以个性化学习为中心"的课程要求，不仅能够赋予学生个性化的、完整的、深度的学习体验，调动

学生的学习参与度，还能使教师更有精力洞悉学生的学习情况，从而更好地达成个性化教学目标所提出的要求，以改进学生的学习效果，提升学校的整体教学质量。

从形式看，高校英语线上、线下混合式教学是将传统的"人与人"面对面线下教学和"隔屏幕"基于互联网的线上教学混合应用，从内涵上看，则存在如下两个根本特征。

1. "混合"的直接目的在于"融合"

英语混合式教学并不仅仅是将线下授课的PPT和作业布置放置到网上，简单意义上实现线上学习过程和传统课堂教学过程的"混合"，重点在于将线上可以"任何时间、任何地点"进行教学的优势，与线下教学的"当面直观、互助深入"的优势相融合，从而发挥线上、线下教学各自的优势，并克服各自客体存在的不足。这种融合应该包括线上、线下教学过程的融合、教学手段的融合、考核内容的融合等。

2. "混合"的最终目的在于"提高"

高校英语进行线上、线下教学方式混合的最终目的，不在于为学生提供获取关于英语学习资源的更多途径，而在于真正促进学生的英语学习效果。因此，检验混合式教学成果的最终标准，一直都不在于线上资源的多少，或者线上教学课时和线下教学课时的比例，而在于学生在线上、线下学习阶段后的效果。

线上、线下混合教学模式运用于英语教学之中，教师可以真正随时随地为学生提供教学，学生也可以随时随地进行学习，突破了时空限制。学生还可以进行碎片化学习。通过对学习内容或者学习时间进行分割，使学生对学习内容进行碎片学习，这样的学习方式称为碎片化学习，十分符合英语这一学科的学习需要。教师还可以为学生提供个性化的学习资源，根据学生的个人情况进行个性化教学，从根本上提高学生的学习效率和学习积极性。在线上、线下教学模式之下，教师可以将教学内容用先进的、新颖的方式呈现出来，从各方面进行英语渗透，学生的学习环境得到极大的改善。英语作为一门语言类的学科，有一个好的语境对于学生学习来说是非常重要的。运用线上、线下混合式教学模式进行教学，能够为学生学习英语语言创造一个真实的语境，在真实的语境中，学生更加容易理解所学知识，也能够将所学知识更好地运用到实际中来。除此之外，线上教育功能提供在线教育论坛，在线教育论坛为师生之间的交流提供了互动功能，学生通过这一社交功能可以在线上同教师和同学展开讨论，教师也可以在线对学生进行课业的考查，教师与学生、学生与学生之间可以进行学习心得的交流，学生在教师的引导下逐步构建起语言知识架构，建立起对英语学习的敏感性，提高自身的英语素养，获得质的进步。运用线上、线下混合式教学模式进行教学，其所构建的教学小课堂内容丰富多彩，在这里，学生可以提出疑难问题并及时获得解决，还可以利用多种教学方式进行学习，学生对于英语学习的积极性不断提高。

在学习实践过程中，运用线上教学能够获取英语语言知识，构建在线学习社区。线上教学模式将学习过程中的课文导入、句子讲解等学习内容都融入教学视频之中，学生可以根据自身的时间安排随时随地进行学习，还可以凭借自身的喜好或不足之处选择视频内容，使学习过程变得更加灵活，为其个性化学习提供了可能。线上教学模式实际上是对传统课堂教学模式的一种改革和补充，线上教学将与学生现阶段相适应的教学内容和教学资源进行整合，作为课堂教学的一种补充，线上教育与线下教育相辅相成，共同为提高学生的英语素养作出贡献。利用线上、线下教学模式，教师还可以对学生的学习进行线上的监督，对于学生的学习情况和课业完成情况进行评价，遇到疑难问题，教师可以在线上为学生进行解答，学生也可以同其他学生一起进行学习经验的分享和总结，实现共同进步。传统的课堂教学中，教师所传授给学生的知识是有限的，并且脱离实际生活，教学缺乏趣味性，但是在线上、线下混合式模式下，线上小课堂对于线下课堂的知识进行了扩展和延伸。许多课堂上难以接触到的知识，学生可以线下自主学习，不仅节省了教师教学时间，减轻了教师的负担，还拓宽了学生的知识面。线上小课堂的教学也更具趣味性，运用科学技术可以实现许多线下课堂不能实现的特殊教学方式。线上模式下小课堂的构建能够系统性、针对性地将教学内容分为多个小课堂进行教学，每个小课堂的内容较少，满足了学生对于碎片化学习的需求，并且使得学生学习更具有针对性，学生学习起来也更加方便。高校英语的教学本就是基于英语课堂为学生提供探索知识的场地，而不仅仅是单纯的知识输出，因此线上小课堂正好适应了高校英语教学的这一需求，成为学生知识探索的场地。教师可以合理利用小课堂教学模式对学生的学习成果进行检验，学生也可以对教师的教学效果进行打分和反馈，以便于教师进行教学方式的改进。在这样的模式下，教师的教学水平得到不断提升。

要从根本上提高学生的英语学习能力，就要从多方面入手，不断提高其对于知识的综合运用能力。学生在传统的课堂学习中往往无法学习到如何进行知识的运用，做不到知识的融会贯通，此时教师借助线上教学模式对学生进行多方面的培养，使学生在学习过程中能够接触到更多的实践知识，将理论同实践结合起来，也有更多的机会进行口语练习的模拟训练，让学生真正能够将所学习到的知识转化为能力并熟练运用。线上教学作为线下教学的一个补充，可以更加丰富课堂内容，加深课堂内容的深度，在这样的教学方式之下，学生能够全面提升英语学习和运用能力，成为高素质的英语人才，为社会作出贡献。

传统教学中知识资源流动缓慢，且存在时滞，导致师生之间的信息交流不畅，从而不利于教学。而应用了数据挖掘和学习分析的互联网教育平台，创造了实时、快捷的信息交流渠道，能够进行全面、深入的数据挖掘与分析处理。事实证明，线上模式这样的信息流动有力地促进了学习者和传授者之间的沟通了解，方便学生掌握学习英语规律，从而优化学习英语过程，提升学生英语学习效果，使教育质量的提高变为现实。

（二）混合教学模式的教学形式与学习形式

经过对混合教学模式内涵的相关性分析，将理论转化为实践，以教师引导监控的主导作用为中心，分为以下的教学和学习形式。

1. 线下教学

利用互联网各大英语教学资源平台进行线下教学，教师要针对每一位学生提出适合的学习方案，经过综合分析学生的特征、英语学习上的短板以及学习英语的难处，从而为他们量身定制学习计划。将总体的教学目标细分为不同的具体的阶段，因材施教，根据每位学生的能力设置每个阶段的阶段目标，在此阶段目标基础上，教师可以制作不同话题的微课，要求微课的内容要具有鲜明的主题、清晰的线索、新颖的教学方式，从而提高学生的学习兴趣，保证学生思路的完整性，提高课堂教学的效率。

2. 线上教学

教师可以利用互联网各大英语教学资源平台进行线上教学，并为学生在线提供同教学内容相符合的教学资源视频。为了增强学生在线学习的自觉性，教师可以为学生设置在线学习任务，并对完成情况进行检验。教师还可以将视频中的教学重点以提问的方式进行呈现，在平台上发布讨论，在激发学生学习英语的兴趣的同时增强学生对知识点的记忆与掌握。教师还可以利用平台组织在线答疑、在线交流，时刻处理学生对知识点的困惑，并对学生的学习情况进行在线评测。为了及时了解学生学习过程中存在的问题，教师可以利用平台建立问题反馈机制，学生也可以对平台的优化提出建议，促进教学进步。

3. 线下学习

在线下，为了增强学生的学习能力、英语应用能力，教师要积极鼓励学生参加各种朗诵比赛、演讲比赛以及微型沙龙与论坛等，加强学生之间的交流互动，提高学生的表达能力，让学生感受到浓厚的英语学习氛围，充分培养学生学习英语的习惯。教师还可以组织学生进行讲述个人学习经验、各阶段学习汇报、相关比赛成果展示、自我评价与认识、小组互评及教师评价等活动，以提高对学生英语学习的监督和检验，促进学生吸收知识。

4. 线上学习

教师可以透过平台后台看到每位学生的学习时间，学生可以通过平台进行线上学习，在平台上获得想要的海量学习资源。学生可以在课后通过在线视频进行二次学习，对不理解的知识点进行巩固，加强学习效果。学生还可以通过在线测试更加清晰地了解自身学习的薄弱环节，并进一步进行巩固学习。教师可以通过奖赏制度、分数制度等类似监控手段激发学生的学习热情。

学生的线上学习本身就不是学生自己的事情，对教师而言就是线上教学，是课堂地点上的转移，需要教师加倍付出和思索。和课堂教学一样，线上教学也需要教师的有效监管，进行备课，并通过设计一些有吸引力的活动和互动，尽可能地正确引导学生目标明确地进行线上学习，这是线上、线下混合式教育模式成功实施的关键所在。因此，高校英语线上、线下混合式教育模式，必须以教师引导监控的主导作用为中心，教师结合学科特点和自己的教学经验，构建受学生欢迎的线上教学模式。

参与混合式教学的线上教师，应从传统的知识传授者、灌输者转变为课程的开发者和资源的设计者与提供者，这样的角色转换，对于教师的要求很高，他们必须对课程十分熟悉，有非常丰富的任职经验，擅长抓住学生的兴趣点，从教学大纲的梳理到知识点的划分，再从片头的构思到教学内容的录制，每一个环节都需要教师倾注大量的心血。建设一门网络课程并不是简简单单地去录播教室录制，甚至比在传统课堂筹划、讲授一门新课程挑战更大。面对摄影机，没有学生的回应，教师在每一个环节的调动显得十分重要。线下教师就不需要再对课程进行详细介绍和解释，主要针对线上教学进行引导、答疑、重难点分析和总结，解决学生线上学习时遇到的困难和问题，以及学生对于课程学习的反馈。线下教师应该重点关注"如何促进学"，教学过程中强调提高学生学习的积极性和热情。总而言之，不管是线上还是线下教学，都必须以教师引导监控的主导作用为原则进行教学活动。

（三）混合教学模式的实施要求

线上、线下混合式教学要坚持以"学生为中心"的教育理念，构建良好的教学环境，在要求教师的角色从"传道授业"的讲授者向"解惑"为主的引导者转变的同时，要激发作为主体的学生学习的主动性、积极性和创造性。学生可以通过自主学习、反复学习，做到在与教师和其他同学互动交流的过程中获得知识，从而培养自身学习的主动性、学习的自觉性和对于知识的创新性。教师在网络课程中所担负的工作，可以粗分为线上教科书的制作及线上教学的带领。线上教学只是整个网络课程教学工作的一部分，可与其他网络的及非网络的课程活动相搭配，在课程教师的安排与管理下，共同完成课程教学的目标。

当教师带领着学生在网络上进行教学互动时，会有许多种不同的形式，这时线上教师的主要工作，并不是要在有限的时间内，对线上的学生进行单向课程讲述，而应该对线上学生进行指导、协助、答疑解惑、激励反思。学生能提出问题、思考、建构、巩固线上教学议题，线上教师应对学生的学习进度及成果做出评估与反馈，以有效完成课程的学习目标。

传统课堂教学是以教师为中心，教师处于教室正中间，扮演着知识的传播者的角色，教学就是由有知识的教师传播经验给想学习知识的学生的过程，即使是课堂讨论，仍然是以教师为主要资源核心。而在网络上进行线上教学时，这个线上教师的角色与职责，不同于教室上课讲述的教师，甚至与一般在教室中带领学生讨论的主持教师也不同。网络教学中强调的是以学生为中心，要学生主动地上网自学，教师只是在旁协助、咨询、辅导、激励；由于学生是以自学为主，又是通过网络媒体来进行虚拟学习，所以在线上教学过程中，会有许多有关课业疑难、人际关系、信息技术问题的产生，这些都需要线上教师的帮助。

线上教学对学生有两个明确的要求：一是明确自身的学习目标，即学生要清楚自身需要获取什么知识、什么知识对自己有利、获取多少知识后是优秀的，以及清楚检验知识的水平的方式和方法；二是明确学习行动，即学生要明白为获取知识需要哪几个步骤，需要先完成什么、后完成什么。

在高校英语学习方面，首先，学生需要明白学习任务单上的每个学习目标，学习任务单中介绍了本单元学习的目标和详细的考核方案，更直接的是展示一幅学习途径蓝图，该图应该以活动图的形式详细介绍了学生的学习攻略和技巧，让学生达到学习目标和行动方案"双明确"，以此促进学生学习的信心。接下来，依据任务单中的学习步骤开展学习活动，简而言之，一般是观看学生自身感兴趣的视频，利用短视频激发学生的学习主动性，然后按照视频或者其他学生的学习经验，应用于实际案例中，将所学知识落实，完成教师线上布置的测试。这些测试可能完成得不够优秀，甚至出现疑惑。

其次，对于学生上传的作业，学生之间按照教师设定的评分标准和规定，指出不足之处，针对一些存在的问题开展连线研讨。教师再根据个人教学经验，尝试寻找解决问题的方法，相互学习，时刻关注学生的动态，保证学生的学习自觉性。每位学生将通过查找资料、相互帮助之后还没有解决的问题记录下来。学生通过这般自我学习和互动学习以后，对知识和技能的理解、掌握也已经上升到了一个新的高度，这时候需要开展一些实质性的活动，将知识进行实际应用。在高校英语学习方面，如英语角、演讲比赛、给电影配音等活动可以检测学生的学习成果，为教师线下课堂教学设计提供良好的参考。好的线上模式的教学，也可以促进线下模式的教学有序进行。

最后，学习情况的自我总结，包括已经掌握的知识和技能点、待解决的问题、学习的经验等。这一阶段，需要教师的奖赏措施或是加分政策辅助进行。自我总结部分，往往很多学生会忽略，尤其在学习英语的环境下，因为小语种科目的特殊性，学生作为主体的积极性、自觉性显得十分重要。教师施以利益措施，可以保证学生学习的主动性和自觉性。

在高校英语线上、线下混合式教学中，学生是学习活动的主体，他们既要在线下与教师面对面进行交谈，还要在线上寻找多方面不同内容的教学资源。线上学习活动基本不受时间和空间的限制，线上的学习环境建设不仅方便个人学习，还可以通过协作互动式学习，形成与教师和同学间沟通、交流的新型学习环境。线上学习要求学生改变传统的学习观念和学习方法，从传统的接受教师讲授为主转变为自主学习为主，从传统的课堂听课为主转变为线上自主学习为主，需要学生主动观看视频，积极参与讨论、答疑、练习、作业等一系列的学习活动。学生转变的过程，要求学生具有很高的自觉性、主动性和创造性。但是如果学生接受这一过程的转变，便能够提升英语综合能力。教师对于最终考试结果由线上、线下所占比例进行评分，以确保线上线下混合教学模式的有序进行。

## 二、线上、线下混合式教学的理念

混合式教学中的学生是学习活动的主体，他们既要在线下与教师面对面地进行课堂学习，又要通过线上学习获取课程资源。混合式教学更多地以"学生为中心"来构建教和学的环境，要求教师的角色从"传道授业"的讲授者向"解惑"为主的引导者转变。学生通过自主学习、反复学习，与教师和其他同学互动交流而获得知识，从而培养了自己学习的主动性、自觉性和创新性。

对于主动式学习和被动式学习，学习者的体验是完全不同的。前者是积极的、主动的、高效的，而后者是消极的、被动的、低效的。主动性原则是指任何教学方法的采用都要以激发学生的主动性为原则。传统的课堂教学过于强调教师传授知识的系统性和权威性，而不注重学生自主学习意识和自主学习能力的培养。教师在设计线下课堂教学的时候，要采用类似"对分课堂""翻转课堂"的方式，以线上教学为牵引，将知识的内化放到课堂上，带领和引导学生进行主动的思考和讨论，并通过竞赛等方式刺激学生进行自主学习。

实体课堂与线上教学的结合突破了传统实体课堂的局限，弥补了线上教学的不足。线上教学的模式是完全的在线自主学习，缺乏有效的教师指导；教师与学生不能进行面对面交流，难免存在一些沟通的障碍。而这种两条主线的教学模式，充分考量线上与线下并行的关系，两条渠道各取所长，较以往各类网络教学，是一种创新。它由传统教学中以教师为中心转变为以学生为中心，教学效果将主要从学生的角度进行考查，充分采集来自学生的信息，监督、测量其数据并加以提炼运用。新型教学模式中，充分运用数据挖掘和学习分析技术，在深入挖掘数据的基础上进行详尽的学习分析，查找各要素间的关联，使整个教学过程得到进一步的优化。

# 第二节 高校英语线上、线下混合教学模式的类型

## 一、线上与线下的混合

混合式教学包含两个教学环节，即线上教学环节和线下教学环节。线上教学是指借助现代信息技术和网络技术，教师通过网络平台，为学生提供线上教学资源，供学生在课外进行自主学习。线下教学即面对面课堂教学，是指教师针对教学的重点和难点，以及学生在线上学习过程中产生的疑问进行面对面辅导及深入讲解，以促进学生更好地理解知识、掌握知识和应用知识。然而，混合式教学并不是线上教学和线下教学两种教学形式的简单组合，而需要运用新型教学方式，使两者进行有机地结合并产生优势互补效应。

近年来，借助现代化网络技术条件，以微课、翻转课堂为主的新型教学方式被广泛接受和运用。微课和翻转课堂的使用打破了单一课堂教学格局，让学生通过微课学习新知识后，再返回课堂进行知识的应用。微课以视频教学为主要载体，针对某个知识点或教学环节开展线上的教与学活动，既能满足学生个性化学习和多样化的发展需要，也能达到推动学生开展探究性学习的教学目标。

先线上教学再线下教学的混合教学模式，并不是说双线平行实施、不需要交集。要真正发挥混合式教学模式的作用，必须将线下教学与线上教学这两个环节进行深度融合。在线上教学基础上逐步展开由上返下、由下及上的双线交替式教学，真正突破传统课堂教学模式，从本质上实现混合。本文所指的线上、线下交互式教学，是指借助双线交互载体，能实现线上交互与线下交互为一体的新型混合式教学模式。这种教学模式的实施，一方面能提高学生通过微课等线上教学资源实现自助式学习的有效性；另一方面能通过现代信息技术和教师教学技能的有效整合，点燃学生主动参与讨论、深入探究问题的激情，实现线下教学的多向互动和多元互动。将线上、线下两个教学环节融合并贯穿于整个教学的全过程，需要结合混合学习特点，通过构建线上、线下交互教学系统，创新混合式教学模式，如此才能达到培养具有实践能力和创新能力的人才的目标。

（一）整合线上教学的知识点

通过线上、线下交互系统，将线上教学和线下教学进行有效结合，能使微课中已碎片化的知识点得到系统整合和融会贯通，并经过师生之间、学生之间面对面的交流互动，克服微课教学单向传播的局限性，实现在交互式教学中达到知识内化的目的。

（二）推进线上、线下深度融合

依托线上、线下交互系统，将线上与线下两个教学渠道打通，使教学活动在线上、线下的深度融合中交替展开，能克服线下教学难以有效互动的困难，实现在微课知识的应用和实践中增强对知识的理解和掌握。

（三）提升混合式教学的实效性

教师通过线上、线下交互系统中各功能模块的设置及应用流程的设计，促使学生积极主动地开展各种形式的交互探究活动，培养学生发现问题、分析问题和解决实际问题的能力，提升混合式教学的实效性，实现在问题探究中达到培养应用型人才的目标。

## 二、"学"与"习"的混合

利用 SPOC（Small Private Online Course，小规模限制性在线课程）教学资源平台进行线下教学，教师要综合分析学生的特征、英语学习上的短板，并为他们量身定制学习计划，将总体的教学目标分为不同的阶段，并设置每个阶段的阶段目标，在此基础上教师可以制作不同话题的 SPOC 平台微课，微课的内容要具有鲜明的主题、清晰的线索、新颖的教学方式，从而激发学生的学习兴趣，提高课堂教学的效率。微课的制作可以选取有经验的教师进行真人拍摄，也可以进行录屏，对学习内容进行单词拓展、难句分析、课文讲解、文化对比欣赏等，为学生学习建立起一个系统的学习网络。

最常见的"学"与"习"混合模式类型的课堂，以当下流行的翻转课堂为代表，它实现的是两种教学方式的有机结合，即线上教学与面对面教学的有机结合。线上教学侧重于学生的自学，教师可以提供微视频、课件及相关电子书等教学资源。由于这些资源可以重复使用，所以学生不明白的时候可以反复阅读，直到理解为止。相对宽松的学习氛围，让学生更主动地学习，不懂就学，学不明白便记录下来，有的放矢，没有压力地接受新知识，学生感觉非常轻松，也有足够的时间独立思考问题，分析并解决问题，为课堂学习做好充足的准备。

## 第三节 高校英语线上、线下混合教学模式的主要内容

### 一、教学原则

教学方式应遵循的原则，是指教师在设计线上和线下教学活动时应当遵循的准则，主要包括以简约思维"RISC"思想为原则、以基于学习产出"OBE"教育模式为原则和以系统性"systematic"为原则。

（一）"RISC"原则

RISC（Reduced Instruction Set Computing，精简指令集）是一种简约的设计思想，在这里用来表示教师在设计线上课程内容时要遵循的原则。线上课程为了方便学生观看和自主学习，通常是以微课的形式出现，时间不超过 15 分钟，因此每次微课的内容应当高度聚合，并且能够在规定时间内讲清楚。在对传统课程内容做细粒度划分的时候，应当尽可能地将课程内容分解为相对独立的内容进行线上教学。

（二）"OBE"原则

OBE（Outcome Based Education，成果导向教育）是指基于学习产出的教育模式，这里代表教师在设定教学目标和评估方法时应当遵循的原则。因为教学活动通常是一个较长的过程，如何用合适的、具有可操作性的评估方法对教学过程进行评价是教学工作中必不可少的环节。O2O（Onlin to Offline，线上到线下）教学模式涉及线上和线下，对线上和线下教学效果的评估要具有一定的可操作性，将学生所学到的知识、具备的能力和职业素养等一系列能够评定的学习产出定义清楚，并以此为目标反推教学活动应采用何种考核方式、何种教学方式，以及如何制订教学计划等。

（三）"systematic"原则

这里的系统性包含两个层面的含义：首先，线上教学和线下教学构成一种完整的教学

体系，线上和线下的内容既可以是相互补充的关系，也可以是递进的关系，但对于一门课程来说，线上的教学内容和线下的教学内容要具有一定的完整性。一门特定的课程，并不是所有的内容都适合做线上教学，有些较容易理解的内容可以放在线上，让学生自主学习，而一些较为复杂、较难理解的部分则适合采用线上和线下相结合的教学方式。

## 二、教学体系

线上、线下混合教学模式的教学课程则通过聘请具有一定教学管理经验的教师建立线上虚拟班级，将授课内容拓展到课外（线上），学生通过网络平台上的微课、在线视频等新媒体，自主学习重点知识，利用课堂时间（线下）组织互动学习小组进行探讨、交流，以便完成知识的消化吸收，从而加强学生的自主学习能力，更好地促进学生协作沟通能力和创新能力的提升。高校构建的线上、线下混合教育模式的教学课程体系能够打破传统课程的时空局限，颠覆师生的主体地位，使教学课程的开设具有开放性、体验性、前瞻性。教学课程体系的设计具有完备的要素，围绕课程目标、课程内容、课程要求三个方面对原有的课程体系进行解构，跳出学科体系的藩篱，对知识点进行模块化设计，精心择取、凝练、组织教学内容及其他环节，将各知识点进行重构、衔接，从而构成该课程完整的知识体系，将学习从存储知识的过程向应用知识、创造知识的过程转变。

课程资源是课程内容设计的重点。网络技术的发展对教育领域的影响不可小觑，教学课程便充分实现了"以多维化教学资源为中心"的课程内容。因此，高校在对课程资源进行重置时，一方面要求进行细粒度划分，使其适应线上、线下的学习；另一方面要求高内聚、低耦合，能够根据线上学习效果灵活调整线下学习内容。教学模式要求颠覆传统课程内容，其课程资源由传统课程与网络虚拟课程构成，线上教学资源异常丰富，如视频公开课、资源共享课、MOOC、SPOC 等更是如雨后春笋破土而出；线下教学资源则是教师在参加各类学术会议、报告会、研讨会后将知识进行梳理总结传达给学生，并针对线上课程内容中所存在的重难点问题进行探究、解决。为了使多维化教学资源为中心的课程内容达到最大优化，课程资源的设定应具备以下几个特征：一是基础性。纳入课程内容的知识必须是核心知识，所要推动形成的能力必须是关键能力，在整个课程体系中具有不可或缺的奠基作用。二是交互性。课程资源所呈现的逻辑结构和表现形式必须有利于学生学习，有利于师生、生生之间的良性互动。三是生成性。每一个课程单元就是一个课程模块，要让不同模块之间有机衔接，从而使优质资源达到有效利用。四是开放性。课程内容以多维化教学资源为中心，体现了课程内容的开放性，要选取优质的教育资源供学生学习。五是个性化。根据自己对知识建构的能力水平及个人兴趣爱好等，学生可以自主在网络平台上选择适合自身的学习内容，以激发其学习兴趣。O2O 课程体系中对教学内容的安排，使教学内容呈现新颖性、灵活性、多维化等特点，这不仅符合高校学生的学习需要，还将知识讲授、能力培养、素质提升融合于一体，颠覆了传统课程教学中"以知识为中心"的模式，实现了对传统教学模式的突破。

## 三、教学过程

### (一) 教学前的准备活动

**1. 安排线上、线下教学活动**

无论是线下教学还是线上教学,都已不再是单纯的知识与技能的传授,而是要以学生为主体,培养学生诸如信息处理技能、解决问题的能力与创造能力、学习能力、批判性思维能力、社会交流与协作能力等多方面的能力。在此目标指导下,对知识进行划分,不同的知识与信息技术有不同的整合方法。

**2. 建设线上平台学习资源**

导学主要介绍该课程的主要内容、教学方法、学习方法、考试形式等;案例故事视频是利用信息技术,利用网络教学平台的优质资源,挑选其中与教学内容相关的、重要的、新颖的案例,通过录屏、录播等编辑方式将其转化成可供灵活下载的视频;在线测试则是将重点、难点、考点转换成问题加以强调;辅导课内容主要是上课的课件,供没来的同学或没有听懂的同学反复观看。

### (二) 教学中的组织活动

**1. 指导使用学习资源**

基于信息技术的教学,改变了学生的学习方式,因此,要把对信息技术及资源的学习和应用考虑其中。学习资源包括教科书和网上资源。教科书的指导和使用一般主要通过面授课完成,班级自建资源中的导学资源给予辅助。网上资源的使用虽以网上学习为主,但仍离不开面授课的指导,告知学习者各类资源的分布设计,梳理出相关的重点资源。如讲解一个知识点,可以借助网上资源,在指导学习者使用资源的同时,帮助学习者加深对知识点的理解。

**2. 恰当选择教学策略**

教学策略是为了达成教学目的,完成教学任务,在对教学活动清晰认识的基础上对教学活动进行调节和控制的一系列执行过程。恰当选择教学策略对教师有挑战性,在教学过程中会有突发情况的发生,教师要想恰当选择教学策略,就必须及时把握教学过程中的各种信息,及时获得反馈并调整教学的进程及师生互动的方式。教学策略有多种,没有一种适应任何情况的教学策略,要根据实际情况灵活应用。

### (三) 教学后的评价活动

**1. 巧妙设计在线测试**

在线测试是非常重要的一种学习资源。随着信息技术的发展,在线测试已经成为教学过程中实施形成性评价的有力工具,是信息技术与教学深度融合的又一举措。它可以让师生及时得到反馈,让学习者了解自己对知识的掌握程度,让教师看到学习者的学习情况,以便及时调整教学。

2. 注意收集评价数据

教学活动要尽量做到形成性评价与终结性评价相结合。形成性评价主要通过统计出勤率、访谈、座谈、活动小结等方式进行；终结性评价主要通过总校数据的统计结果、出勤率趋势、学习心得、满意度测评、考试合格率等数据来反映。评价数据的收集和分析，一方面离不开学校的学习支持服务；另一方面，学生常用 QQ 和微信交流，这些社交软件已成为收集相关评价数据的重要渠道，而且更能真实地反映学生的情况，是教学交互和教学评价的有效补充。

## 四、课时分配

采用三段式的"翻转课堂"教学模式，将课堂教学主要分成课前、课堂上、课后三个阶段，在教学设计中将教师活动和学生活动两部分有机结合起来。关于课前、课后学习时间，对于学生来说，由于混合式教学中的课前在线学习及课后任务时间相对传统教学占用了其更多的课外时间；对于教师来说，由于线下学习时间的碎片化及学生学习互动及反馈的随机性，要求教师利用课余时间来引导和参与互动及反馈。因此不管是学生还是教师都意味在课外环节需要更多的时间和精力。课前及课后时间要不要纳入标准学时内，如何计算标准学时，这些也是混合式教学中需要进一步研究的问题。

（一）线上：课前

课前教师的主要任务是选取教学视频，教师可以选取与教学内容相关的名师授课视频。如果找不到，教师可自己录制，通过理论讲解和操作演示，录制与课程知识点一一对应的 5~15 分钟的授课视频，帮助学生通过视频学习，对知识点在理论层面上有一定的认识，熟悉实际操作过程。接着教师针对视频设定相应的课前自主学习案例，帮助学生通过解答案例中的习题，加深学习的兴趣。学生在授课视频和阅读材料的帮助下，完成课前自主学习案例，并且通过线上的交流讨论，巩固知识点或提出新的问题。

（二）线下：课堂上

课堂教学是师生面对面交流的最佳平台，教师在课前从 MOOC 平台掌握学生的课前预习状况和疑问所在，在课堂中就可以进行重点的分析讲解和解答，也可以组织学生进行讨论，采用课堂问答和主题演讲等形式，调动学生积极性，加深对知识点的理解。

课堂主题演讲时间控制在 5~10 分钟之内，演讲完成后其他学生可以提问，最后由教师进行提炼和总结。无论是主题演讲还是课堂讨论，教师的任务是把控讨论的主题，在自主讨论中积极引导学生按照既定方向进行，同时控制时间，提高课堂授课的有效性。在讨论中，学生必须是主体，在教师点评的环节，也要以正面表扬为主，从而调动学生的积极性和创造性。在课程实践环节，教师也可布置一些主题要求学生分组讨论。学生讨论的分组，完全按照自愿的原则，在完成分组后，选出一个组长，组长要负责主题拟定、组织交流、记录心得等工作，教师则要把握小组讨论的进程，适时指导。

### （三）线上、线下：课后

教师完成MOOC平台上未答疑问题的解答，并评定学生本知识点的学习成绩。学生线下完成教师布置的作业，在线上MOOC平台复习巩固已学知识，在作品交流分享、学习测试评价和总结分析中加深对知识点的理解。

## 五、教学效果

### （一）学习兴趣提升

无论是在线上学习还是线下学习过程中，教师应做到及时反馈激励，进一步激发学生学习兴趣。尤其在线下课堂面授时，教师应先反馈线上学习情况，如每个学生的学习任务完成没有，完成了多少，作业或测试成绩如何等。同时反馈线下作业完成情况，及时点评并指导他们进行修改，要求学生及时查漏补缺，巩固本节内容学习等。及时的反馈能激励学生认真学习，并进步激发学习兴趣。

### （二）学习效率提高

线上、线下混合式教学，提高了学生学习效率。在传统课堂教学中，由于学习时间、地点固定，学习资源单一匮乏，教学效率不高，教师和学生都感觉比较累。线上、线下混合式教学模式下，学生学习的时间与地点可以自由选择，学习资源与形式也十分丰富。这种模式一方面满足了学生的需求，提升了他们的学习兴趣，为提高学习效率打下良好的基础；另一方面即便教师不能亲临现场教学，也可以通过资源库平台和云课堂，遥控学生及时学习，解答学生的问题，指导学生完成相关学习任务。这样学生学习的信息量增加了，学习效率自然就提高了。以英语书写作课为例，在该混合教学模式下，学生学习的英语作文的种类和数量都多了，相应地，学生会写的英语作文种类和数量也多了。

### （三）学习成效显著

线上、线下混合式教学模式，让学生形成课前学习、课堂提问、课后复习与巩固的行为习惯，学生一直处于学习、询问、消化、学习的状态。主动学习的记忆效果远比被动接受的效果高，完成相关工作任务后能得到及时指导与修改，可巩固相关的技能；得到高分和教师的肯定也增强了学生的学习兴趣和信心。

## 第四节 高校英语线上、线下混合教学模式的基本要求

### 一、课堂内容要求

教学内容是课程教学的核心因素，教学内容的好坏对课程教学具有直接的影响。对

此，慕课教学的过程中应对教学内容进行合理的编排。具体来说，可以从以下几个方面进行：

第一，综合考虑课程内容的整体性、时间的安排以及知识点的完整性等，对知识内容进行合理切割。

第二，根据课程的逻辑关系，合理编排微课程，使学生能够以轻松的心态进行学习。

## 二、教师团队要求

教师应不断地更新教案与课件，将教学与实时动态紧密联系在一起，使学生的学习需求得到满足。每个学生的个性特征及兴趣爱好等存在一定的差异，所以教师对教学资源的整合就显得特别重要。教师应该尽可能地满足绝大多数学生的需求，为学生答疑解惑，将课程的趣味性与理论性有效结合。因此，教师应具备较高的职业素质水平，能够将优质的教学内容通过科学的方式传授给学生，促进学生的理解，提升学生的学习效果。教师是线上教学的实施者、承担者及受益者。为此，教师应具有较高的专业知识和职业素养。首先，教师应该掌握本专业的丰富的理论知识。其次，应加强慕课技术的研究与掌握，再次，应提升自己的团队合作意识及能力。教师只有提高了自身的职业素质水平，才能使教学效果和质量得到保障，才能使学生在寓教于乐的学习中收获丰富的文化知识。

线上教师要同时满足四种角色职责：教学者、社交指导员、节目经理及技术助理。教学者的角色是要为学生学习提供咨询、引导及学习资源；社交指导员的角色是要营造一个合作的学习环境；节目经理的角色是要对线上教学活动做组织、控制程序及行政支持的工作；技术助理的角色则要协助学生顺利操作线上教学的系统、设备，并解决学生所遭遇的技术困难。教师带领线上教学时，因应情境要求分别扮演不同的角色。有的大学将网络课程的教学工作细分为教科书设计、教科书制作、教学讲述、带领讨论、作业评量等项目，分别交给不同的人员来负责，所以有的学者将这些分担不同职责角色的人员给予不同的称呼，如线上助教、线上导师、线上引导者、线上评量者、线上会议主持人、线上活动主席等。实际上，大部分大学往往没有可以聘用多个线上教学人员的优厚资源，教师要承担所有或大部分的线上教学工作。

## 三、技术要求

第一，提供一个支持师生利用计算机网络进行教学活动的有效环境，包括备课、授课、自学、讨论、答疑、作业、测验与考试等。

第二，为课程教学提供丰富的数字化教学资源，支持师生通过计算机网络共享有关的课程资料，包括课程大纲、教科书、讲稿、课件、作业、考题、参考资料和其他网络资源等。

第三，提供课程教学中的各种管理功能，如课程教师介绍、学生名册与简况、授课与作业计划、考试与评分方法、课程通知、学生注册与登录、测验与考试管理等。

第四，网络教学课程与课本文字教科书的本质区别在于其媒体表现形式的多样性、媒体间的互补性，以及教学活动中的交互性。在制作和应用网络教学课程的过程中应特别注意充分发挥多媒体的优越性，搜集、创作和利用各种图形图像、视频录像、声音、动画等素材，采用超媒体结构，并加强交互功能。

第五，网络教学课程建设必须注意版权问题。在网络教学课程中引用他人著作中的文稿、图像、动画、视频等素材，需特别注意版权问题，由此引发的侵权责任由作者自行负责。

第六，网络教学课程建设的基本要求如下：

①资源建设。数字化资源是每门课程必须建设的基本内容，包括经系（中心、部）及学校审查认可通过的课程简介、教学大纲、授课计划、教师信息、教学讲义等基本内容。教学大纲、授课计划应按学校的规范要求编写。在基本内容完善的基础上，逐步完善电子教案、网络答疑等内容，并根据课程需要进行有针对性的网络教学设计，同时将与课程相关的课外资料、相关网站链接到课程网页，形成一整套基本涵盖教学全过程的网上教学资源。

②教学互动。教师在建设网络资源的同时，要积极加强网络教学的应用，与学生在平台上开展课程的教学交流互动，并按照教学进度不断更新内容。要利用教学平台发布课程通知，布置和批阅作业，开展讨论、辅助答疑等。教师应要求学生经常登录网络教学平台，充分利用平台进行辅助学习。教师应及时掌握学生的网上学习状况。

③教学资源积累。教师要利用网络技术，收集教学相关的资源，丰富个人教学资源库、素材库。提倡教师联合开发、共享共用教学资源。

第七，为推动网络教学课程的建设和网络教学活动的开展，学校应建立网络教学课程建设的长效机制，通过立项方式，在2～3年内建成150门网络课程。

第八，为便于管理和考核，将网络教学课程按其建设和应用情况分为合格、优质两个等级标准。

第九，以资源＋平台＋服务为基本开发理念，以课程作为主导航，深度整合名师课程、学校自建课程、公共资源和各种备课资源，有效支持全流程教学的各个环节，并通过学习空间实现交流、互动、分享，着力实现信息技术与教育教学的深度融合，教师通过网络教学平台完成教学，学生通过网络教学平台完成学习，通过信息技术统计教学工作基础数据，推动信息技术在教育行业全面深入应用。

第十，建成网络教学平台。平台能够为学校提供一个网络教学门户，作为学校网络教学对外展示的一个很好的平台，能够为学校定制一个个性化的首页，首页能够设置多个栏目，能够将学校的公告通知、教学组织、课程信息、教学组织、精品课程网站等通过网络教学平台与学校已有的数据和资源实现无缝对接。

## 第五节 高校英语线上、线下混合教学模式创新路径

### 一、高校英语线上平台创新路径

教育信息化的核心内容是教学信息化，包括教学手段科技化、教育传播信息化、教学方式现代化。信息化教学已作为一种崭新的现代化教学手段进入英语教学，成为英语教学发展的新趋势。高校英语线上教学平台可通过整合学习资源、融通交流路径、完善评估系统等途径创新信息化教学。

（一）创建高校英语线上资源数据库，丰富教学资源

要想建立完善的高校英语线上资源数据库，首先要重点打造线上英语精品课程。由教育部的相关部门牵头，联合各高校，加大对课程建设的资金投入力度，聘请优秀的英语教师录制课程，将其打造为精品课件，上传至高校网络平台，让学生能够随时接受名师教学指导。其次，要不断优化和丰富高校线上英语教学平台的相关资源，构建多元化的英语学习架构，充实学生的学习内容。教师可把日常英语对话、词汇、教学课件、考试指导等相关音视频资料上传到平台，方便学生查找和学习；或是将一些新闻资料的音频上传，不仅丰富学生的学习内容，而且帮助学生拓宽视野。

（二）搭建师生线上交流路径，发挥平台价值

利用线上平台搭建师生交流渠道，可更好地发挥线上教学资源的作用，有效实现实时沟通与互动交流。具体来说有以下方式：①在线上平台设置留言互动板块，开设英语教师专栏，学生遇到问题直接向教师反馈留言；教师在线上针对学生的问题给予详细的解答，实现交流的实时互动性。②利用微信、钉钉等平台建立学习群，使师生之间建立有效联系，从而使教师了解学情，提高教学针对性。③在线上平台设立英语自学模块，包含课程目标、学习任务、练习和反馈等，指导和督促学生完成指定的英语学习任务，同时也方便教师对学生进行检查和批改，并为其提供相应的指导。

（三）构建线上教学评估系统，提升教学效果

评估和成绩考核功能既可以对学生的英语学习起到监督、测试的作用，又能实现对教师教学效果的评价。建立健全高校英语线上教学评估系统包含以下几个方面：①搭建高校英语考试题库，让系统依据相关教学内容自动生成不同考题组合，学生进行在线测试，既能有效预防作弊和抄袭，也能让教师针对学生的学习薄弱点进行针对性教学。②建立配套在线评分系统。学生完成在线考试后，马上公布成绩，并提供答卷分析报告，让学生从中

发现知识和能力短板，找到解决学习问题的对策。③题库中应加大对英语主观题的评价力度。高校英语教学实践中发现，教师对主观题评分常会耗费很多精力，评分也存在随意性，这类题型分值又较高，所以应开发主观题评分系统。该系统不是将答案直接呈现给学生，而是给出主观题答题要点和解题思路指导，将标准答案以参考形式讲解给学生。通过建立科学完善的英语线上教学评估系统，能够促进教学目标的达成。

## 二、高校英语线上课堂实施路径

### （一）夯实课前自主学习，促成高效课堂

构建好英语线上教学平台后，需要进一步对线上课程进行创设和具体的实施。教师在讲解"综合英语"课程前，可先布置线下自主学习任务。要求学生根据单元学习问题，思考单元话题，储备语言信息，便于课堂交流讨论；线上完成关于单元话题的听力训练，或观看与单元话题相关的短视频；阅读教师指定的阅读文本材料。线上课堂中，教师通过话题陈述、回答问题、词汇小测等语言学习任务，检测学生课前自主学习情况，提高课堂参与性和互动性，归纳提炼学生线下学习内容，打造高效英语线上课堂，确保线上英语教学实效。

### （二）科学安排输入内容，细化教学步骤

语言输入是语言习得的重要前提。研究表明，缺少语言输入的课堂教学是无助于语言习得的，因为语言习得与语言规则的学习是两个不同的过程，其结果也不同。根据克拉申的输入假设理论，即"i＋1"理论，在语言信息输入时既要清晰其不能与学生现有水平（"i"）画等号，也要保证其超过学习者现有水平的合理性。教师备课中要以"i＋1"理论为基础，注重新知在旧知中的融合，依托旧知实现新知的导入，帮助学生更好地理解与接受新知，提升其学习兴趣和积极性。同时，教师细化每个教学环节，反复斟酌与推敲课堂活动的可操作性和时间分配，根据学生的需求合理设计教学，通过"翻转教学"将学习任务单提前发送给学生，为有效的教学实施做好铺垫。

### （三）遵循语言学习规律，增强学习信心

"语言模因论"指出，语言学习的本质是从复制到传播的过程。基于此，应立足学生学习规律，让学生的语言输出以模仿为切入点，之后进行改编和创造，其最终目的就是要在由浅入深的背景下帮助学生不断获得知识。以"综合英语"话题口语教学为例，教师先要明确话题特征，遵循由易到难的原则，向学生提供契合其兴趣点的话题，并提供地道的表达词、句式作为辅助，为语言图式提取困难的学习者搭建学习支架。教师也可借助微信社交软件，让学生结对开展对话练习，在同伴学习中发展显性和隐性语言，培养学习者语言输出的自信心与获得感。教师还可提供对话模板，让学生根据模板创编对话。在此过程中要确保对话内容贴近交流需求，让学生能用学到的语言和技能来解决实际学习和生活问

题，增强学习信心。同时，通过线上教学、口语教学与"综合英语"听、读和写等其他技能训练相结合，循序渐进，实现课程知识和技能整体联动的教学目标。

### （四）分解语言认知难点，协同知识构建

对课文内容进行讲述时，可遵循由点及面、由词到句的原则对知识点进行合理分解，设计层次分明、逻辑性强的多模态课件，使学生对知识点能够一目了然。如教学 spur sb. on sth. /to do sth.（刺激某人做某事）时，可先呈现含有此短语的语篇或语境，学生根据上下文推测短语含义，或提供几种含义让学生选择，降低学生的语言学习焦虑。焦虑是影响语言习得的一个情感因素。学习英语时，焦虑感较强的学习者，情感屏障高，获得的输入少；反之，则容易得到更多的输入。学生建构该知识点后，接着可讨论其用法，如将其汉语例句翻译成英语，训练学生语码转移能力。还可讨论学生不同的翻译表达，选出最佳译文，让学生在学习英语词法句法的同时，培养口语、思维和翻译能力。

### （五）强化产出导向设计，保证学习效果

产出导向法中提出了具体的教学流程，对课堂设计需要进行重构，使学生的学习参与度得到充分提高。该流程的驱动、促成和评价三个阶段中都必须充分发挥教师的中介作用，如引领、设计、支架等。产出导向设计可包括：第一，采用真实任务驱动，激发语言产出。第二，提供任务支持和产出评价标准。教师要对学习目标及产出任务进行明确，在网络平台上投放学生自主学习资源包，包括语言信息、任务关联信息、产出模板、语言产出评价量表等，帮助学生清晰语言、交际、素养等多维目标和任务，从而在任务实施的过程中更加有的放矢，提高产出质量。

总之，通过分析高校英语线上教学问题，提出整改措施，进而优化英语线上教学平台，创新在线课堂实施路径，有助于实现线上英语教学目标，提升线上英语教学质量。在信息化教学创新路径中，高校既要完善相关的硬件设施，又要不断升级英语软件的功能。此外，还要积极利用线上网络平台和资源，为学生创设多元高效的线上课程学习环境，科学合理地安排教学内容，强化对语言产出的练习与检查，并在线上课程实施中有机融入英语思政教育，促进学生全面发展。

## 三、高校英语线下课堂教学创新路径

### （一）及时更新教育理念，保证教学理念的先进性

新媒体得以如此迅速高效发展，其与当前先进的信息技术有着不可分割的紧密联系。新媒体在教育领域应用范围的不断拓展正在潜移默化中影响着高校英语教育教学革新工作，新媒体为高校英语教学革新工作提供了更新的思路和更多的启示。在新媒体的应用过程中，高校英语知识的传递方式发生了巨大转变，其从之前的单向传递转变为当前的多向互动传递，而且高校英语教育工作所坚持的教学目标、具体教学内容以及教学方式也都发

生了不同程度的改变。作为高校英语教师，应该充分认识到这一转变趋势，了解新媒体的应用价值，积极主动地从新媒体视角去更新和优化自身的教育理念。落实到具体层面，建议英语教师可通过线上智慧教学平台等一些新型学习渠道去了解英语教学的新需求和新动态，也可以下载一些优秀教师的讲课视频，通过观看讲课视频资料来学习优秀英语教师对新媒体的应用方式，同时就自身教学情况进行对比分析，及时发现自身在教学理念方面存在的问题。此外，英语教师要在主观意识上从新媒体角度去创新英语教学理念，审视并思考师生关系，积极转换师生角色，换位思考，从学生的角度去分析真实的英语学习需求，将自己从知识传授者的角色转换成为新媒体的应用设计者，紧密结合英语教学需求来针对性选择和应用新媒体技术和资源，与此同时，英语教师还需要扮演好英语教育创新发展的组织者和引导者角色，为学生创造和提供更多自主学习和探索的机会，借助新媒体技术交互功能为学生搭建起交流分享的平台，在该平台中，教师和学生应该是一种新型学习的伙伴关系，教师需要在此过程中下意识去引导和培养学生建立起良好的学习习惯。

（二）应用新媒体技术设备，创新丰富实践活动形式

高校英语教学中，实践教学是其中不可或缺的重要组成部分，而且伴随着新课程改革的不断深化，实践教学受到了越来越多的关注和重视。此前，英语教师组织开展英语实践教学活动，多是几种固定传统的形式，比如要求学生根据英语教材里面的内容来完成对话表演，再比如，安排学生以小组合作的方式来分角色朗读教材课文内容。这种实践教学活动方式存在着非常显著的局限性，无论是在内容还是在形式上面都很固定，缺乏灵活性，其不仅无法培养和增强学生的创新思维，而且一旦实践教学中遇到问题和阻碍，反而会影响到学生参与学习的积极性，进而影响到实际教学效率。在此背景下，高校英语教育教学工作必须要提高对新媒体的应用力度，要充分借助和利用新媒体技术、设备以及相关资源来进一步优化和拓展实践教学的形式，丰富实践教学的内容，保证实践教学的效果。举例说明：英语教师可借助新媒体技术设备来创新实践活动，根据既定的教学任务提前设计好课外采访提纲，并且要求学生们紧密结合采访提纲的具体内容来自主设计实践活动参与方案，再将自主设计的实践活动方案放在课堂上来一起分享、探讨和研究。在经过师生共同审核通过之后，便可以选取其中认可度最高的一份实践活动方案来予以实施开展。在具体实践活动当中要充分利用起各种新媒体技术和设备，如利用移动终端设备来将学生的实践活动情况记录下来，在活动结束之后可安排学生应用新媒体技术来进行活动视频剪辑，同时可要求学生在剪辑过程中重点突出各个环节的亮点。待学生完成视频剪辑之后，便可将自己的视频剪辑成果分享到微信群和 QQ 群，在群里教师和学生可以自主发言，可就实践活动中学生们的精彩表现予以褒奖和肯定，也可就其中问题予以指正和评价，营造出民主的氛围，鼓励和支持学生大胆发表自己的想法和建议。

（三）借助新媒体技术，优化拓展教育教学方式

在高校英语教育教学工作当中，新媒体作为一种新型教学辅助工具，不仅为学生提供

了更加丰富的学习渠道和更多的选择空间，而且在很大程度上减轻了英语教师的教学压力，为英语课程教学提供了诸多便利条件。从目前高校英语教学对新媒体技术的应用情况来看，不得不承认现阶段部分英语教师还未能深入挖掘和应用好新媒体技术的教育功能，大多数情况下还是习惯性使用传统的教学方式，即使适当加入新媒体技术的配合，但从实际教学效果来看，始终未能达到预期标准。基于此，建议高校英语教师必须要进一步加强对新媒体技术的应用程度，积极运用新媒体技术去创新、优化和拓展具体教学方式，将新媒体教学技术的功能和价值发挥到更大化。举例说明：在备课过程中，英语教师通常会对上课所要讲授的英语要点进行深入研究，并且会提前就课堂上可能会出现的重难点知识进行整合与汇总，此时，英语教师便可应用新媒体技术，将这些重难点知识内容制作成为电子课件，并且针对英语知识内容的难度等级来做出进一步应对。例如，针对部分理解难度较高的英语知识点，教师可以在互联网中查找有关英语对话情境视频，通过新媒体技术将其插入到电子课件中来。课堂上教师可以借助电脑、投影仪等新媒体工具展示电子课件，向学生全面展示电子课件中视频、音频和文字等内容，充分发挥出电子课件的形象直观功能，改善教学信息的传递环境，使学生在电子课件引导下能够全身心投入到英语课堂上来。等到电子课件全部内容展示完之后，英语教师可以选择直接在课堂上根据讲授的重难点知识制作成思维导图，要求学生以小组为单位，紧密结合思维导图所示内容来进行深入讨论和研究，在此过程中，学生也可利用新媒体资源在网络上查阅相关资料，并且将查阅到的内容及时补充到课堂所示思维导图当中来。而英语教师则可以根据学生们在思维导图上添加和呈现的知识点来深入了解学生的课堂学习情况，以此作为参考依据来及时发现学生在本次课堂学习中暴露出可能存在的问题，并予以针对性的处理和解决，进而提升学生对英语知识的掌握程度。

（四）注重培养和提升学生自主学习意识与能力

新媒体时代学生拥有着非常强大的学习助力，其在具体的学习过程中可以随时借助新媒体技术来获取到海量的英语学习资源，以弥补传统学习模式中的弊端和不足，同时还可以根据自己的需求来自主选择所需要的英语资源，但是在此过程中，英语教师需要充分认识到一点，即学生要想在英语学习方面取得真正的进步，海量的英语学习资源只能起到外在辅助和支持作用，其最终还是要依靠学生的自主学习能力，特别是自主应用新媒体的能力，学生只有建立起足够强的自主学习意识和自主学习能力才能够真正高效应用起新媒体这一优势资源，才能够针对性去弥补自己在英语学习中的不足之处。

# 第七章 信息技术与英语课程的融合与创新

## 第一节 信息技术与英语教学深度融合的内涵

### 一、信息技术与英语教学深度融合的定义

在国家教育信息化大政方针的指导和引领下，我国教育界掀起了信息化教育的热潮，"慕课""微课""翻转课堂""在线课程""移动学习""手机云班课""信息化教学大赛"等一系列互联网教学术语开始频频走入教育各界人士的视野中。

大学英语是各大高校开设的一门公共必修课，也是一门应用性极强的语言课程。在大学英语教学实践中充分利用互联网＋带来的优势，为学生提供丰富、可视化的学习资源，创设交互、情境式的动态学习环境，大力借助现代教育信息技术更新教学内容、优化教学环境、革新教学模式、提升教学质量显得尤为重要。

传统的大学英语课堂，以"一间教室、三尺讲台、一支粉笔"为模式，教师是主演，学生是观众，难以激发学生的学习热情、发挥学生的主观能动性，从而弱化了课堂教育的功能。此外，语言的社会交际功能决定着大学英语必然是一门集艺术性、交流性、实践性、应用性于一体的学科。在信息化教育环境下，教师就必须成为学生学习资源的提供者和开发者、学生学习能力的引导者和促进者、学生学习过程的沟通者和合作者、教学方法的创新者和反思者、教学活动的设计者和组织者、信息技术的研究者和学习者。教师要深入钻研教材，利用现代信息技术，调动一切可利用的教学资源，投入更多的精力为学生提供丰富、可视化的学习资源，创设开放、动态的交互式教学情境，调动学生的学习积极性、主动性和课堂参与性，引导学生灵活应用英语进行交际，让课堂出彩，不断激发学生的求知欲，让学生真正成为学习的主人，投入其中、学在其中、乐在其中。

### 二、信息技术与英语教学融合

现代教育中信息技术与高校英语教学的深度融合并不仅仅是把信息技术当成单纯的教学辅助手段，而是把信息技术作为一种促进学生自主学习、优化教师教学环境、提升教学质量与效果的工具。教师要主动学习先进的教学理念，充分运用现代教育信息技术，把其

作为学生主动学习的认知工具、情境教学的创设工具、教学资源的整合工具，并将这些"工具"运用到教育教学实践中，使信息技术化为优质课堂的隐形助推力，成为课程内容的有机部分，以超媒体结构方式组织教学，设计并开发集文字、符号、图形、图像、活动影像和声音等多种因素于一体的教学课件，用多媒体技术解读、模拟或再现传统教学技术无法展示的课本对话或篇章场景、情境。实现信息技术与各种优质教学资源的有机融合，从而优化教学环境，从根本上改变传统的教学模式。大力培养学生收集获取英语语言信息能力、分析加工语法句型结构能力、英语交流应用能力、互助协作能力和自主创新能力，充分发挥学生的语言学习主体性、能动性和自觉性。教学中的信息技术应用不仅可以丰富教学内容、改变教学模式、优化课堂，而且可以在迎合学生的心理和时代发展特征的基础上，拓展学习空间。学生可以通过手机、iPad等工具，利用信息技术网络教学平台学习与巩固课堂知识，搜集、预习语言文化背景知识以及学习参考资料等，也可利用信息技术进行自主听、说、读、写、译训练，进一步提高英语语言应用能力，养成自主学习的好习惯。

有效利用信息技术改革英语教学，不仅能创建新型教学结构，更可以革新教学思想、观念、理念，深化教学内容、教学方法、教学手段和教学过程的改革，实现教学效果最大化。

利用现代教育技术微信公众号和现代教育技术微信群建立"互励互教式"微课教学平台，可以拓展最初的课内知识点讲授。在"互励互教式"微课教与学下，学生对知识点的掌握、实践能力均有很大进步，思想道德品质也得到了很大的提高。教师从传统知识讲授者转变为知识的引导者，学生从知识的被动接受者转变为学习过程的主动参与者，教与学的过程从课堂延伸至课外，大大提高学生的自学能力、积极性和主动性。

## 三、信息技术与英语教学深度融合的思路

这里探讨混合式教学模式下实践共同体对高校英语教学的作用，为信息技术与英语教学深度融合提供一个新思路。

实践共同体也称为实践社团、实践社区。它指的是对某一特定知识领域感兴趣的人互相发生联系，围绕这一知识领域共同工作和学习，共同分享和发展该领域的知识。实践共同体的三个结构要素是知识领域、共同体和实践。知识领域决定共同体成员的共同兴趣和身份感，他们受共同愿景的驱动，联系在一起共享、应用、创造知识，促进自我成长；共同体是学习的社会情境，其成员交流协作、互帮互助，共同实践、共同学习；实践是成员主动参与学习、发展共享知识资源并进行实际运用，成员在实践活动中学习知识，然后又将知识运用到实践中，以获得新的实践知识。

实践共同体的形成对有效学习的发生有积极的促进作用。实践共同体的知识转化是一

个正反馈循环，正反馈使得共同体成为一个学习主体，在实现个人学习的同时有效促进动态知识生成。

混合式教学将面对面教学与在线教学相结合，是信息化时代高校英语教学改革的必然产物。通过教学实践，解构并重构传统课堂，将混合式教学分为在线学习、课内应用和课外实践三个核心构成部分，它们在丰富的情境与应用的语境中互相联系、互相融合、互相支撑、互相促进。混合式教学弥补了传统课堂教学的不足，有利于充分发挥学生在学习过程中的主体作用，从而促进学生主动学习、自主学习、合作学习。

①在线学习。在高校英语的混合式教学模式中，在线学习形式主要采用小规模限制性在线课程（Small Private Online Course，SPOC），教学资源包括语言知识学习和在线学习社区。学生通过自主观看精巧设计的微课视频学习语言知识，完成与课程内容紧密相关的在线练习和测验，以巩固语言知识。在线学习社区是学生与其他学生异步交流的场所，学生通过发帖和回帖，与其他学生和教师通过讨论交流、答疑解惑、沟通协作，分享语言学习资源和经验。

②课内应用。课内应用是指学生通过在线学习获取语言知识后，在面对面的课堂学习中将获取的语言知识加以应用。混合式教学下的课堂教学不再以知识传授为主要形式，而是围绕主题创设语言应用情境，通过各种或基于语言或基于技能或基于主题的任务，使学生置身于知识展示、语言游戏、问题讨论、方案制订、小组汇报等语言应用活动之中，并通过与团队协作，共同在"做"的过程中不断提高英语应用能力。

③课外实践。课外实践是混合式教学模式不可或缺的部分。学生经过在线语言学习和课内语言应用后，最重要的是能将所学语言知识切实运用到实践中。课外实践通常围绕主题创设的真实性语言实践项目展开，是课堂学习的延伸与拓展。如学生合作完成诸如问卷调查、视频制作、海报设计等项目，并用英语进行课堂展示或线上展示，以培养英语的语言产出能力。

在高校英语的混合式教学模式中，学生成为知识的主动建构者，通过在线学习、讨论交流、团队协作等方式在实践中获取知识。学习方式的转变，对学生的自主学习能力、合作交流能力、语言实践能力等提出了极大挑战。为了使混合式教学模式实现预期的教学效果，有必要创建实践共同体，为语言学习提供互动交流、合作学习、共同实践等方面的支撑，充分调动学生的学习能动性，保障学生有效地参与混合式学习。

基于高校英语混合式教学模式的实践共同体是一种由学生和教师组成的学习型组织。学生为了获取英语应用能力，与其他学生和教师在实践过程中交流讨论、互动协作、共同实践，不断共同建构并发展英语语言知识和能力。

高校英语的实践共同体包含发起者、核心成员和一般成员三类成员角色。其中，发起者是指教师和助教，教师通过发布线上教学资源和课堂交流帖子、组织线下交流讨论活动、布置课后合作实践项目,积极推动实践共同体的形成和发展;助教则通过在线回帖为学生答疑解惑,维护共同体的正常运转。核心成员是指英语能力较强的骨干分子,他们通过线上主动发帖和回帖、线下积极引领课内活动和实践项目,分享英语语言知识和学习经验,领导其他成员进行语言实践学习。一般成员是指英语学习的参与者,他们通常按照课程要求完成线上线下语言学习任务,在发起者和核心成员的引领下参与线上线下的交流和分享,完成实践学习。

实践共同体成员具有共同愿景,短期目标是完成大学阶段的英语学习,获得课程分数;中长期目标是通过英语课程学习,提高英语应用能力。在共同愿景的驱动下,实践共同体成员积极参与相关的学习活动:①自主学习在线课程,通过观看微课视频,完成在线练习,获取进行语言实践所需的知识。在这个过程中,可以随时在讨论区与其他成员讨论课堂话题,就在线学习过程中产生的疑惑提问,大家群策群力共同寻找解决方法,并分享学习过程中积累的学习资源和经验;②进入面对面课堂内,在教师创设的相关学习情境中分享在线学习成果,并与其他成员互动协作,完成学习任务,应用语言知识,在共同学习中巩固在线学习成果;③对知识内容和语言能力进行梳理,与其他成员合作完成教师布置的语言项目并进行实践产出,在实践中相互启迪,获取新的语言知识与能力。

实践共同体成员的学习目标是通过在线学习、课内应用和课外实践,完成技艺传授、镜像学习、语言应用等学习活动,最终获取语言知识,提高英语应用能力。无论是在线讨论区的互动交流,还是课堂内语言应用任务的协作完成,都有利于学生不断地分享、应用知识,并在运用知识的过程中构建、内化知识。课外实践项目基于在线学习和课内应用取得的学习成果,要求学生在"做"的过程中将学到的知识内化为个人知识,并创造新知识。随着一个教学过程的完成,实践共同体成员也完成了一个语言知识获取的循环。

随着信息化时代的到来,学习者的学习方式正经历前所未有的革新,现代教育技术与英语教学的深度融合使混合式教学模式应运而生。学生作为学习的主体,需要提前做好充分准备,以迎接这种前所未有的学习方式。习惯于"填鸭式教育""被动学习"的学生,要想适应混合式教学模式恐怕不易。实践共同体为学生提供了交流讨论、相互协作、共享知识、实践知识的途径,是高校英语混合式教学实施的有力保障。

(一)支持协作学习,实现知识获取

实践共同体成员由参与混合式学习的学生构成,他们具有共同的学习愿景、相似的知识领域,既是学习资源的提供者、分享者和受益者,又是新知识的生产者。在语言知识学习的过程中,实践共同体的发起者、核心成员和一般成员相互介入,所有成员协商,共同积累在线学习和自主学习的经验,相互协作完成各种语言学习活动、任务及项目,并通过镜像学习提升自己的英语语言水平和英语应用能力。

(二)强化语言应用,完善知识建构

实践共同体理论认为,学习是在实践的过程中进行意义协商、知识的构建。高校英语实践共同体强调学习的共同参与，而不是单纯的知识输入。在这个实践共同体中，学生与其他成员和教师通过在线学习、课内应用和课外实践，积极参与真实情境的语言应用，分享知识、经验和想法，由知识的旁观者转变为知识的实践者，将所学的知识运用到实践中，并在实践中建构新的知识，使有意义学习通过参与实践得以实现。

### （三）支撑语言实践，完成知识转化

实践共同体的学习活动以应用实践为主，学生积极自主地参与在线学习、课内应用和课外实践，这是一个学生交换显性和隐性知识并共同创造新知识的过程。在这一过程中，学生不断提高语言实践能力，通过语言实践激发已有的语言知识，同时通过资源共享、语言应用和实践活动等在实践中促进知识的应用，推动语言知识由隐性转化为显性，继而在语言实践过程中内化知识，使自己真正成为知识的"小主人"。

混合式教学模式是信息化时代教学改革的必然趋势，而高校英语混合式教学模式是英语教学与现代教育技术深度融合的产物。但是，要想让已经习惯了传统教师讲授型课堂的学生转变学习方式，就需要有语言学习、应用等方面的支撑，这是有效实施混合式教学模式的关键问题。构建基于高校英语混合式教学模式的实践共同体，为解决这一关键问题提供了有效环境与途径。学生在语言学习的过程中自主交流、相互协作、共享知识，并在语言实践的过程中共享、运用、内化、创新知识，这有助于在线学习和课内教学的有效实施，能切实提高学生的英语应用能力。

## 第二节　信息技术与英语教学融合的探索实践

### 一、信息技术与英语教学融合的探索

#### （一）信息技术与英语教学融合的原则

实施信息技术与英语学科的融合是一个需要深入研究与探讨的重大课题，不能按一个模式来进行，但可遵循若干共同的原则，这是做好融合的前提条件。人们认为，至少应遵循以下五条原则。

1. "教—学"定位的准确性原则

建构主义学习理论强调"以学生为中心"，学生是学习的主体，是意义的主动建构者；教师不再是知识的传授者和灌输者，而是意义建构的帮助者和促进者。所以，教师在英语课堂教学中要处理好以教师为"主导"和以学生为"主体"的关系，既要重视学生的主体作用，又不忽视教师的主导作用，否则就会出现教学偏差。从这个意义上说，教学的艺术就是主导与主体定位的艺术。

2. 教学方式的层次性原则

人类的学习类型有听觉型、动觉型、视觉型，人类的思维类型可按抽象思维、具体思维、有序思维和随机思维进行组合，不同的学习类型和思维类型的人学习成效与他们所选

择的学习环境和学习方法相关。有的学生不能主动地对外来信息进行加工，喜欢有人际交流的学习环境，需要明确的指导和讲授；而有的学生更愿意独立学习，个人钻研，更适应结构松散的教学方法或个别化的自主学习环境。因此，信息技术与教学的融合应该根据不同的教学对象，实施多元化和多层次的融合策略，实现因材施教。

3. 教学媒体的实效性原则

衡量教学媒体成功与否，要看其在提高教育教学质量上的作用，有实效就坚决用，实效不大就少用或不用，没有实效就坚决不用，决不搞花架子。信息技术为语言的学习提供了广阔的资源，有着不可忽视的重要地位，但是我们同时也应该注意到语言学习的特殊性，它需要人与人之间直接的交流，需要生活化的语言情境，所以较为传统的教学活动和丰富多彩的英语课外活动仍然不可取代。信息技术拓宽了语言学习的方式，丰富了语言学习的内涵，但也不能完全取代传统的教学媒体，如黑板、录音机、录像机、卡片、实物模型、实物投影仪、纸笔、表格等，每一种媒体都有自己的优越性，没有一种媒体能解决一切教育难题，计算机也不例外，它们之间需要相互补充和协调，以不断完善我们的教学。

4. 创建新型教学结构的原则

在一节课里，不见得你用了电脑、多媒体，或者上了网就叫信息技术与课程融合（至多也只能算是进行了浅层次的融合），而是要紧紧围绕"新型教学结构"的创建这一中心来融合。这就要求教师在进行融合的教学设计工作中，密切注意教学系统四个要素（教师、学生、教材、教学媒体）的地位与作用：看看通过自己将要进行的"融合"能否使各个要素的地位与作用和传统教学过程相比发生某些改变？改变的程度有多大？哪些要素将会改变？哪些还没有？原因在哪里？只有紧紧围绕这些问题进行分析，并做出相应的调整，使得通过最终教学设计所建构的教学模式能较好地体现新型教学结构的要求，这样的融合才是有意义的。

5. 体现英语学科特点的原则

实施信息技术与学科的融合，不同学科有不同的特点，不能按一个模式来进行。英语学科就要体现英语学科的特点，英语教师最希望利用信息技术解决的也是我们英语课堂中最需要的，是英语环境。因此英语学科应把重点放在创设原汁原味的英语环境上；同时，英语教学应强调语言的实践性，而学生是这一活动的主体。在整个教学过程中，应当把英语作为一种交际工具来教，使学生置身于一定的交际情境中，培养听、说、读、写的能力。此外，了解英语国家的文化有利于对英语的理解和使用，教师应利用网络逐步扩展文化知识的内容和范围，培养学生的跨文化交际能力。

以上原则，广大教师在融合教学中可结合自身、学生以及教材的实际情况灵活把握。

（二）信息技术与英语教学融合的层次

随着以计算机为核心的信息技术的不断发展及其在教育中的应用，教育本身从目的、内容、形式、方法到组织最终都将发生根本性的变革。当然，这种变革绝不是一蹴而就的，需要经历许多中间过程。确定各个中间过程的形态和特点，必然能为整个教育改革和广大教师带来一定程度的参考价值。

根据信息技术与课程融合的不同程度和深度，可以将融合的进程大略分为三个阶段：封闭式的、以知识为中心的课程融合阶段，开放式的、以资源为中心的课程融合阶段，以及全方位的课程融合阶段。在不同的阶段，技术投入与学生学习投入是不同的。现代教育改革的核心是使学生变被动型的学习为投入型的学习，让他们在真实的环境中学习和接受挑战性的学习任务。在教育中应用技术的最终目标是促进学习形态由低投入（被动型）转向高投入（主动型）。在教学过程中，教的活动和学的活动对技术有一定的依赖性，要实现从低依赖程度、低投入阶段到高依赖程度、高投入阶段的过渡有很多路可走，总体来说，在横纵轴上都呈递增形式。

（三）信息技术与英语教学融合的方式

信息技术与英语教学的融合已由开始时的在优质课、示范课上的"表演"形式向实施素质教育的主阵地——课堂教学迈进，这无疑给英语课堂教学改革注入了新鲜的血液。那么，如何实现信息技术与英语教学的融合呢？下面将结合实例探讨信息技术与高中英语教学融合的具体方式。

1. 将信息技术作为一种教学工具

在信息技术作为工具与英语教学融合时可采用以下方式。

（1）把信息技术作为演示工具

这是信息技术与英语教学融合的初级阶段和最低层次。教师可从现成的计算机辅助软件或多媒体素材库中，选择出与自己课堂教学相关的内容进行演示；也可组编成讲演或多媒体课件在教学过程中进行展示和创设教学情境，使学生在愉悦的气氛中获取知识。集动、静、音、像、形于一体的多媒体教学，代替了幻灯、投影、粉笔、黑板等传统媒体，能全方位地刺激学生的感官，突破了传统教学的局限，收到了良好的教学效果。

（2）把信息技术作为资源工具

把信息技术作为资源工具就是要突破书本是知识主要来源的限制，用各种相关资源来丰富封闭的、孤立的课堂教学，扩充教学知识量，使学生不再只是学习课本上的内容。信息技术以空前的速度迅猛发展，互联网的连接和校园网的建立，为教学提供了信息密集、形式多样、开放的资源库。教师可根据教学的内容在课前将所需资源整理好，保存在某一特定文件夹下，或做成内部网站，让学生通过访问该文件夹或网站来选择有用信息；也可以为学生提供适当的参考信息，如网址、搜索引擎、相关人物等，由学生自己去互联网或资源库中去搜集素材。

(3) 把信息技术作为交流工具

把信息技术作为交流工具主要用来完成师生、生生之间情感与信息的交流。交流是英语教学的重要环节，师生互动、生生互动是教学成功的重要因素。在具备互联网和局域网的环境下，教师可根据教学的需要或学生的兴趣开设一些专题或聊天室，并赋予学生自由开辟专题和聊天室的权限，使他们在课后有机会对课程的形式、教师的优缺点、无法解决的问题等进行充分的交流。教师还可向学生推荐一些健康的英语网站，通过 E-mail 往来，让学生与以英语为母语的人直接交流，从而丰富语感，提高交际水平。此外，教师之间的备课，新老教师的相互学习、讨论都可以在网络上进行。

(4) 把信息技术作为个别辅导工具

目前有大量的操练型软件和计算机辅助测验软件让学生在练习和测验中巩固所学的知识，决定下一步学习的方向，实现个别辅导式教学。个别辅导中，计算机软件实现了教师职能的部分代替，如出题、评定等。此外，教师还能在一定程度上注意学生的个别差异，提高学生学习的投入性。在这个过程中，教师可设置一些训练、对话、游戏、测试等教学活动，引导学生进行人机互动，发现问题，及时指导。这样做，克服了过去那种"教师满堂灌、学生跟着转"的弊病，学生主动参与学习的积极性越来越高，逐步成为学习的主人，大幅度提高了教学质量。

2. 将信息技术作为一种资料来源

目前使用的英语教科书中大部分单元的话题都可以在互联网找到相关的资料，许多教育网站还可以提供英语教学方面的教程，这些教程是一些大公司或是有教学经验的教育工作者编著的，由电脑专业人士制作而成，网页界面精美，声图并茂，既适合学生自学，也适于教师用于课堂教学。将信息技术作为资料来源分为以下几类。

(1) 课件资源

信息技术与英语教学有效融合的关键，在于教师能否认真钻研教材，依据学科特点和教学实际，开发出适宜课堂教学实际的 CAI（Computer Aided Instruction，计算机辅助教学）课件。作为英语学科，CAI 的设计应从着重培养学生的听、说、读、写综合能力出发，创设语言情境，突出重点、难点，提高学生的综合语言运用能力。网上有许多课件可下载使用，也可以自己利用互联网上的原始素材制作课件。

(2) 拓展资源

因特网具有丰富的教学资源，我们目前使用的英语教科书中大部分单元的话题都可以在互联网上找到相关的背景资料、图片、声音甚至视频材料。通过百度、新浪、google 等搜索引擎，输入每单元的关键词，就可获得大量相关的信息。教师可根据需要进行选择，然后保存或下载，再链接到课件中，或直接呈现给学生。

(3) 文化资源

信息技术与英语教学融合，给培养学生"文化意识"提供了一个极好的环境。信息技术使得这些生动真实、丰富多彩的文化背景材料能够进入课堂，使它们成为学好英语的不可或缺的组成部分。英语课文、阅读材料、听力练习的内容丰富多彩，涉及古今中外、天文地理、政治经济、风土人情、名人轶事等，信息技术为学生创造了一个丰富多彩的网络英语文化环境。

3. 信息技术与英语教学模式的融合

把信息技术与英语教学模式融合，探索提高教学质量的新途径，同样是融合的有机组成部分。在这方面，可应用 Authorware、PowerPoint、写字板或 Microsoft Word 等软件进行融合。具体的教学模式有以下几种。

(1) 展示式教学

所谓展示式教学，就是指教师事先利用 Authorware、PowerPoint、写字板或 Microsoft Word 等微机软件，制作好教具，然后在教学过程中展示给学习者，促进学习者的认知的教学模式。这也是最常用的、最简单的教学方式。譬如，应用 PowerPoint 制作一个课件，在讲课时逐一点击幻灯片，学生可以从每一张幻灯片上获取信息。

(2) 操练式教学

教学中有些知识和技能需要通过大量练习和反复训练才能掌握。教师事先编制好操练内容和程序，可以节约大量的板书时间，使课堂节奏加快，课堂密度增大，从而进行大容量的课堂操练。针对教学中的每个环节，教师可以充分发挥信息技术的优势，适时、适地、适度地对学生进行操练。这种教学模式，主要包括口语交际操练模式和检测练习操练模式。前者主要是利用 PowerPoint 等计算机原有软件进行教具制作，一般是套用课本每单元的重点句型进行操练。

(3) 任务式教学

在这样的教学模式中，教师围绕特定的交际目的和语言项目，设计出可操作性强、任务化的教学活动。学生通过多种语言活动完成任务，达到学习语言和掌握语言的目的。具体教学可以这样设计：

①创设情境，导入新知。教师利用网络创设一定的问题情境，复习旧知，导入新知，做好背景知识的铺垫，调动学生原有的知识和经验。

②搜集加工资料，获得知识。学生在教师的指导下上网搜集、整理、分析和提取信息资料，根据设计的研究方案和确定的研究方法，进行调查研究，获得结果。

③讨论交流，巩固知识。学生把学习成果在 BBS 上或班级论坛上进行讨论、交流，大家互相学习，巩固知识。

整个教学过程都由学生自主完成，而教师仅对学生选题、收集和分析资料的方法等进行一般性指导,突出了学生的主体性,培养了学生的创造力。

(4) 探究式教学

传统教学特别注重知识的传授而忽略学习的主动探究过程,这势必削弱学生的学习主动性。探究式教学就是运用网络信息资源对当前学科教学问题进行探讨与研究,它要求教师将教学内容转化为各种形式的有价值的问题,在教学过程中以问题为载体,创设一种科学研究的情境和途径,学生主动地获取由教师汇编整理并放置在网络上的相关资料以及其他的网络资料,在获得基本知识之后,在课堂教学中,围绕着相关的问题进行自我探究或集体讨论,教师以平等的姿态参与和引导学生的讨论,使教学过程由传统的传授型转变为探究型。

4. 信息技术与英语学习模式的融合

信息技术不仅是一种工具,还是一种手段,不仅解决如何教的问题,还解决如何学的问题。信息技术与英语学习模式的融合有以下几种。

(1) 辅助式学习

教师通常利用 Powerpoint、Authorware、Flash 等软件制作成的课件上课,这可以使学生在单位时间内获取更多的信息,提高效益,但也常常会造成这样一个局面:学生上课时是听懂了,但由于教师讲课的节奏过快,学生因无法做好笔记而感到苦恼。网络可以解决这个问题,教师可以把上课的课件放在网站上,让学生课后随意调用,方便学生复习巩固。教师还可设置各种自测题,如词汇、语法、阅读、改错等,引导学生自觉巩固课堂知识。

(2) 交互式学习

在这种学习模式中,学生同时或异时利用网络进行信息交流,网络成为信息传递的中间媒介。譬如,利用 BBS、聊天室等信息工具开设一些英语讨论专题,或就教材中某一方面话题展开讨论,让学生在有趣的讨论中,各抒己见,明辨是非,拓宽视野,提高自身的语言水平;或者借助网络语音软件,实现"生生""师生"之间、学生与校外专家、学习伙伴之间的广泛交流。

(3) 参与式学习

素质教育提倡"教为主导,学为主体"的教学思想,还学生主动思维的空间,让学生主动发展。把信息技术融合到英语学习当中,培养学生主动参与学习的思维意识是该模式的主旨。可以指导学生在网上查找与课本知识相关的信息,然后在课堂上给同学们做一些展示,这在提高学生学习积极性的同时也培养了学生自主学习的习惯。

5. 信息技术与听说读写的融合

英语的学科特点决定了信息技术必须与听说读写不同教学内容进行融合,具体方式如下。

(1) 信息技术与听力教学的融合

传统的听力教学，主要是靠录音机和教师本身来完成的，方式单一，控制不便。计算机的应用，将会弥补这些不足。

①利用U盘存储听力材料。U盘具有容量大、携带方便、容易保存、复制快捷等诸多优点。薄薄的一张U盘，可存储相当于几十盘录音带的内容。U盘的复制比录音带的复制容易得多，并且软件及网络听力资源丰富，选择空间大大增强。

②运用多媒体计算机播放听力材料。这种方式集文字、图像、声音于一体，生动形象，可以激发学生的学习兴趣，解决听力中的难点，从而有效地提高学生的听力水平。而且，在播放中，所播放内容可以任意前进、后退、反复，学生如果某一句或某一段听不懂，可以迅速而准确地找到，重复听。这一点是录音机所无法比拟的。

③选择地道的英语听力材料。传统的听力教学，尤其是教师本身的英语授课是因人而异的。有些教师语音、语调不准确、不规范，势必会给学生听力的提高造成障碍。而好的听力软件，所播放语音纯正、地道，学生可以模仿，听起来也是一种享受，可以有效地弥补教师的不足。

④观看英文原版电影。观看英文原版电影可以改变枯燥的听力教学，激发学生兴趣，有效提高学生听力。电影还给我们提供真实的语言环境，有助于学生了解西方的历史、文化。带着提高听力、学习语言知识和了解西方文化这三个目的，教师可带领学生踏进英文电影这一艺术殿堂，在观看精美场面、聆听地道英文、欣赏动人故事的享受中，欣赏英语、热爱英语、学习英语。

(2) 信息技术与口语教学的融合

对说的能力的培养，离不开环境。计算机和网络的发展，为学生提供了广阔而真实的空间。

①网上交谈。学生通过国际互联网，可以和国外说英语的人士直接交谈。这种网上交谈与国际长途电话相比，费用较低，选择的余地也较大。并且，由于不是面对面的交谈，可以省却学生的羞涩感，学生可以大胆地去说。通过国内互联网，学生可以和国内说英语的人士交流。国内网民人数与日俱增，中间不乏精通英语人士者，学生和他们交流更容易，交谈话题更多。通过校内互联网，学生可以和教师、同学自由对话。学生可以在教师的指导下，根据各自的语言水平和爱好，选择不同的交谈内容和交谈对象。

②人机对话。学生可以选择一些软件来自主地训练自己的语音、语调和表达。学生可对着话筒模仿计算机所播放的内容，计算机可以对此进行反馈，用以激励学生，使学生愿学、乐学，从而在不知不觉中提高说的能力。

③学唱英文歌曲。为了激发学习兴趣，了解西方文化，提高学生的修养和素质，可利用语音室，带领学生学唱英文歌曲。英文歌曲是活的听力和口语教材。选用的主要歌曲有

欧美经典歌曲、欧美乡村歌曲、欧美浪漫歌曲、奥运歌曲等。

(3) 信息技术与阅读教学的融合

利用多媒体网络进行英语阅读教学，是培养学生阅读能力的一条新途径。它可以有效地克服以往英语阅读教学中的许多问题，如阅读题材狭窄，内容陈旧，训练方法单一、呆板等。由于网络具有信息丰富、题材广泛且新颖、反馈及时等特点，它可以极大地提高学生的阅读兴趣，激发他们的求知欲望，从而有效提高学生的阅读能力，充分发挥学生的认知主体作用，培养学生的自学能力和探索精神。

①英语"四结合"阅读教学模式。阅读是英语教学的核心内容之一，如何有效地提高学生的阅读能力是英语教学的关键所在。多年来，许多英语教师和英语教学理论工作者对此做了大量工作，而计算机和网络的应用，则使英语的阅读教学上了一个新的台阶。目前较为成熟的是英语"四结合"阅读教学模式，可概括为：创设情境—质疑启发—图式重建—网上阅读—协商讨论—意义建构。具体在教学步骤中体现为：预习、复习、习词、课文略读和细读、巩固、网上阅读、讨论、评议、作业。此模式的具体操作如下：

A. 创设情境，促进形象思维。利用多媒体技术，创设丰富的人文情境和引发思考的问题情境，培养学生的观察、思考能力，以及发现问题、探索问题和解决问题的能力，主要用于课前准备阶段、复习阶段、词汇学习阶段、阅读导入阶段和略读阶段。

B. 质疑启发，培养创造性思维。课堂提问的问题要由易到难，循序渐进地精心设计。设计的问题或是推想性，或是概括性，或是评价性，或是发散性，或是归纳性，或是求异性等，引发学生思考的同时，培养他们利用已有的知识进行创造性思维。

C. 图式重建，训练语言输出能力。现代认知心理学认为，人在阅读中会形成各种"思维组块"，汇成有效的认知结构。也就是说，阅读是学生原有的认知结构（旧图式）与阅读中的新知识相互联系和作用，从而在学生头脑中构建新的认识结构（新图式）的过程。阅读教学的主要机制就是教师启发、引导、帮助学生把新知识纳入或同化到原有的认知结构之中，重新建立认知结构，达成对外界客体新知识的顺应，更快、更好地修正、丰富学生的语感图式。

D. 网上阅读，展开自主式学习。学生在质疑后有的放矢地进行自主学习，使用搜索引擎，阅读报纸、杂志，增加阅读量，提高阅读水平。使用较多的网址如新浪网、搜狐（中国）网等。在这些网站中，有很多英语阅读材料，如趣味故事、小诗、童谣、谜语等，学生结合使用相关电子词典可以进行自主阅读。

E. 协商讨论，进行合作学习。学生的认知水平参差不齐，学生间的合作学习有助于他们取长补短，共同进步。在同桌/小组展开讨论过程中，学生可以利用信息沟通，彼此质疑，相互释疑。教师可以在班内走动，了解各组讨论状况，也可适当给予指导，使学生在讨论中学会学习，形成自己的见解，培养合作精神。

F. 意义建构，提高运用信息能力。学生在讨论中已初步构建自己的文意，教师可鼓励学生展开发散性思维，从多个角度陈述自己的观点，提高处理、运用信息的能力。

②网上读报。选择网上阅读材料时，大体遵循以下五个原则：一是拓展性，即从网上选取的材料是对教材内容的扩展、延伸，而不是简单的重复。二是时效性，即所选的材料内容要新，有时代感，或是关于一些热点问题的。三是趣味性，即所选材料要符合学生特点，能引起他们的兴趣。四是科学性，即所选材料要真实，如实地反映客观实际。这一点要特别注意，因为网上虚拟的东西数不胜数。五是艺术性，即所选择材料要难易适中，适合学生阅读水平。对一些文章可进行适当改编。在教学中，可开展网上读报活动，通过阅读英文报纸来学习英语是当前英语教学的一大趋势。

（4）信息技术与英语写作教学的融合

①教学模式。传统教学方法可以说是极其模式化，教师先说明本堂课的任务，然后向学生提出意见和要求，接着学生练习和写作，临近下课，教师叫个别学生在同学面前进行作业交流，有的甚至连交流都没有，最后教师把学生的作业收齐批阅。信息技术与这类课程的融合，也比较适宜使用网络环境进行教学。具体教学可以这样设计：

A. 明确作业内容和要求。教师通过网络环境上的相关事例，让学生明确作业的内容，并向学生提出作业要求。

B. 搜集参考资料，自由发挥。学生利用网络环境搜集与作业内容相关的资料，参考后进行写作练习。

C. 作业交流和修改。学生把完成的作业发布在班级信箱、论坛或新闻组中，每个学生都能看到彼此的作业，有利于相互交流和修改。

D. 作业点评，互相提高。教师对学生的作业批阅修改，并提出自己的意见和看法，在讨论区中留言。同时，选出优秀的作业进行展示，有利于学生的相互促进和提高。教师还可以通过 E-mail 进行校际交流，把优秀的作品放在网站的佳作欣赏中，供大家参考。

②写作方式。传统的英语写作训练方法比较单调乏味，教师一般是让学生就一情境进行写作，或改写课文，或写英文日记。这些做法都较死板。而计算机和网络的应用，则可使英语写作变得生动有趣，丰富多彩。

A. 情境写作。多媒体电脑为作文情境的创设提供了最有力的支持，"情境呈现—讨论交流—写作—评价"是常用的教学流程。教师可在屏幕上显示一些生动的画面、关键词语，或者播放一段故事，让学生观其形，闻其声，然后有所感而写。还可以设计一些生动有趣的练习，让学生掌握一定的词汇用法和句型及语法项目后，逐步地进行写作训练。

B. 交流式写作。在校园网上开设英语 BBS 公告栏，把作业布置在 BBS 上，形式有看图写话、写日记、写贺卡、改写课文、续写课文、命题作文等。学生先把第一稿发送给教师，教师浏览批阅后发还给学生，学生根据教师提供的意见进行修改，经过几次反复交流最后定稿。教师可将优质的作业发表在英语 BBS 上，供大家交流学习。还可将"故事接龙"的样式放到网络上，其趣味性、发展的无限性能使作者与作者、作者与读者、读者与读者的交流达到一个新的高度。实践证明，此举能极大地调动学生的积极性。

C. 一体化写作。即将阅读和写作有机结合起来，学生自主地从网络上获取阅读材料，读后根据自己的选择和思索进行"吸收＋创造"式的写作，使阅读能力、写作能力和信息素养共同得到提高。例如，每到母亲节、教师节、春节等节日或是同学的生日时，要学生发英语电子贺卡。在写贺词时，他们往往会查阅许多网上资料，寻找自己最满意的祝福语来表达自己的心情。

D. 电子邮件写作。在 E-mail 辅助下，学生为了更好地在交际中表达思想，会不断努力地修改内容，使之更清楚、更有意义。在实践中指导学生结交国际笔友，发送电子邮件，在这种跨文化的交流中，学生都在进行真实的、高度积极的、具有现实意义的语言实践活动，既发挥了积极性，也提高了写作能力。

## 二、信息技术与英语教学融合的具体实践

（一）信息技术与教学资源的开发和融合

现代信息技术，特别是网络给英语教学提供了最新的、广泛的、多角度的教学资源，而这些资源可以来自英语国家最真实的场景和文化。从这方面看，英语学科教学有着得天独厚的优势，这对英语的教与学至关重要，而且这些网络资源具有全球性、即时性、前沿性和跨学科性的特点。这些立体化、多元化的教学资源打破了"纸质教材一统天下"的偏颇。英语信息资源有鲜明特点：切合实际、即时可信、可用于多层次探究、可操纵处理和富有创造性。与使用传统教科书学习相比，英语信息资源还具有多媒体、超文本、友好交互、虚拟仿真、远程共享等特征。

除了海量的信息资源，网络还提供了真实的交流合作平台，把英语世界的交流从千里之遥的世界另一端带到了小小的教学课堂，打破了"教室的局域网"限制，拓宽了教学的边界。同时，包括PPT、微视频、微课在内的多媒体课件把教学内容形象化和具体化，使呆板、枯燥的教学内容以活泼、动态的形式呈现出来，节省了板书的时间，把更多的时间还给学生，使学生主动学习的时间延时，而且各种语言技能练习趋于多样化。这种图文并茂、生动形象的多维立体信息可以强化信息刺激，增加信息输入量，充分调动和激发学生的学习兴趣，提高单位时间内的教与学效率。

信息技术支持还会拓展学生的学习领域。学生对信息技术的敏感度高，这能促进他们自主学习，当学生浏览网页的时候，他们会主动学习感兴趣的知识，这样眼界和知识面就会不断地扩大。学习者之间彼此交流，这种交流不受地点和时间的限制，他们可以与其他在线学习者协作学习，通过交流、分享，从而建构他们的知识体系。而课堂上教师的教学

方式可以回归到苏格拉底式的教学:教师不再一个人在讲台上滔滔不绝,而是通过接连不断地提问、质疑,启发学生对某个问题的思考、讨论、争论,以此培养学生的思辨能力和创造性思维。

信息技术支持的教学环境在给英语教师提供便利和丰富资源的同时,对自主教学能力也有更高的要求。如何提高英语教师信息技术支持下的资源开发和融合能力,笔者根据多年的教学实践认为,在信息技术支持下的资源和指定教材中间找到一个平衡点,在基于课本的同时,把书本以外的内容与课本内容、教学大纲有机结合起来。这就要求英语教师首先要立足于自身作为融合资源的主体,教师要能很好地融合各种优质的网络资源,其自身又必须具备多种素质:一是要有极为丰富的专业知识结构。由于网络资源具有范围广、种类多、形式多样等特点,英语教师必须对其有一定了解,甚至有一定的研究;二是要有学习的能力,学习是一种能力,是一种状态,更是一种姿态,在融合各种资源的过程中,必然要求涉猎不同领域的知识以及与计算机网络有关的技能;三是要对教学目标有深刻的理解,教学目标越清晰,融合资源的工作就会越顺利。

信息技术支持的教学环境下的英语教师资源融合能力的提高,可以通过如下几个环节实施:①内部资源的融合主要体现在教师间的资源共享,以教研室为单位建立资源共享平台,采取网络共同备课的形式,使时间和资源得到最大限度的发挥。②外部资源融合,以部门或者学校为单位,为教师提供优质的资料源,同时鼓励教师将这些资料源应用到教学中。③定期对英语教师进行有的放矢的培训。青年教师对网络的使用较中老年教师优势明显,但教学经验不足,对于教材的掌控、教学大纲的理解不如中老年教师,因此,相关培训应抓住不同年龄段或者教龄段教师的特点,针对其薄弱环节进行培训。换言之,对于英语教师资源融合能力的培养要因地制宜、具体问题具体分析和解决,只有这样,才能凸显教师培训的实际意义。

## (二)信息技术与课程的融合

在信息技术支持下,英语教师不仅要关注各种教学资源的融合,还应注重如何利用信息技术来支持教学以实现预定的教学目标,这就是信息技术支持下的信息技术与课程融合。事实上,信息技术和课程融合是目前教育信息化中的一个热点课题。积极推进信息技术在教学过程中的广泛应用,分阶段实现英语教学内容呈现方式、学生学习英语方式、英语教师教学方式,以及师生、生生互动模式的根本性变革,充分发挥信息技术的优势,丰富并优化教学环境,都离不开信息技术和英语课程的融合。

信息技术不会自动与英语教学相结合,它们之间的媒介是英语教师,这里还是要强调教师的主体性。在信息技术和英语教学两个客体之间,只有英语教师才能架构它们之间融合的桥梁,才能使信息技术服务于教学,从而使英语教学更加有成效。教师才是信息技术资源和教学实践融合的核心因素,教师的理念、态度、能力直接影响了英语课堂教学的实施。英语教师要适应现代信息技术和互联网技术的发展，除了了解技术，还需要运用技术。英语教育技术研究包含英语教学的信息化设计和教学资源的信息化融合。"融合"一词可以理解为"一体化，使之成为一个有机整体"。通常意义上说，"融合"是相关事物或因素之间相互作用、相互融合，进而形成一个统一体的过程。因此，事物之间的"融合"过程可理解为"整合"的过程，在融合的过程中，相关事物会在这个统一体中共同发生变化，不断促进这个统一体的完善。因为信息技术用于英语教育领域，是服务于英语的教和学。很多研究表明，懂技术并不意味着能运用技术来进行有效教学，因此，我们应该抛却简单的以技术为中心的教学理念，只有将信息技术支持下的知识与教学、科研和技术融为一体，才称得上是具有了信息技术素养的大学教师。技术本身无法完成知识的传送，它为教学提供了巨大的潜能，可以帮助英语教师的教学更加翔实、丰满、直观和有效，而这一切取决于教师如何把信息技术融合、优化在教学的实践环节。

信息技术支持下英语教师将如何融合"信息技术"和英语"教学"？英语教师应该具备什么样信息技能的素养才能实现信息技术与课程的融合能面对新环境下、新课改下的英语教学？长期以来，信息技术与英语课程的融合多倾向于在多媒体教室利用相关设备展示相关课件以此展开目标知识，很多教师对于信息技术支持下的教学的认识只是停留在多媒体教室的使用上，信息技术与课程的融合就是使用教材自带光盘在多媒体教室播放，或者在网上找寻一些资料穿插到课堂教学中，信息数字化的优势并没有完全发挥出来。所谓信息技术与学科课程的融合，就是通过将信息技术有效地融合于各学科的教学过程来创设一种新型教学环境，实现一种既能发挥教师主导作用又能充分体现学生主体地位的"自主、探究、合作"为特征的教与学方式。信息技术和课程融合不是简单的信息资源与课程的机械叠加，仅仅为了丰富教学内容，而是从根本上改变传统英语的教学模式，在保证学生在课堂教学的中心地位的同时凸显英语教师的主导作用。

阶段1：教师在信息融合过程中，首先要"先学生一步"去学习、体验。信息技术和课程融合作为一个具有挑战性的新生事物，教师自身应首先学会体验、应用这些信息，并对相关信息进行处理，包括用计算机软件（Word、PPT）编写教案，利用计算机相关软件的便利管理学生档案，跟踪学生学习成绩的变化，将优秀的信息资源通过网络平台进行分享。

阶段2：教师体验之后，可以把自己的所学、所用、所想的内容带给学生，进入师生共同体验过程中。在这个阶段，教师应帮助学生积极使用计算机网络技术辅助自己的英语学习，实现基于信息技术支持下的师生共同参与、共同体验的教学模式。在这个过程中，师生有了更多的交流，在教学相长的同时促进师生之间对课程教学和信息技术的探究和学习能力的发展。可以借助信息技术的支持对这个阶段的教学进行监控。

阶段3：在师生体验阶段之后，教师应该对已使用过的课程内容和信息技术的融合模式进行重新梳理，关注学生的反馈信息，借助第二阶段的监控情况，根据实际教学情况，分析出现的问题，总结成功的经验或是不尽如人意的地方，逐步建立起个人的信息资源库，并对该资源库不断地进行调整更新，为下一阶段建构信息技术支持下的教学与技术相融合模式积累资源和经验。

阶段4：通过前三个阶段教师个人体验、师生双方体验、教师对教学过程的监控和反思之后，英语教师可以对先前所做的工作进行补充和完善。首先依据对教学资源的需求适切与否对使用过的教学资源（教材资源、网络资源）进行重新筛选制作；其次考虑如何借助信息技术的支持更新教学模式，实施有效的教学策略，实现英语教学的培养目标；最后在教学实践中将信息技术和课程相融合，摒弃信息技术硬性插入，让信息技术"软着陆"，与教学实践中的各环节实现共存、共生、协调发展，提高英语的教学效果。

信息技术和课程融合应符合国家对于英语课程标准的要求，各个高等院校应该充分利用先进的信息技术，采用基于计算机和课堂的新英语教学模式，改变以往以教师讲授为主的讲授型教学模式，采用新的综合型教学模式。应该利用信息技术作为支持，特别可以利用计算机、多媒体教室和网络平台为支撑，使英语的教与学双方都可以在一定程度上摆脱时间和空间的制约，朝着个性化方向发展和自主教与学方向发展。

新的教学模式可以体现出英语教学内容的实用性、知识系统性和学习方式的协作性与探究性的特点，更好地调动和促进教师和学生"双主"的积极性和能动性，突出强调了学生在"学习"过程中的主体地位，同时也强调教师在"教学"过程中的主体性存在和主导、引领作用。在利用信息技术支持采用新教学模式的同时，要理性、客观地继承和沿用传统教学模式中的优势，更不能弱化传统课堂教学的作用。不同的学校应该根据本校的学科特点、办学条件和学生的英语需求，尝试探索个性化的教学方案和教学模式，建立局域网平台帮助学生进行自主学习，提供适合学生发展的网络资源和技能训练平台。教学内容既可以在课堂内进行，也可以在课堂外利用计算机网络的优势进行。对于适合学生计算机网络的课程，应该鼓励教师给予相应的面授、辅导、答疑，以保证课堂外的学习效果，更好地促进学生自主学习能力的提高。新教学模式可以个性化地研制网络教学系统，包括从教学目标、教学内容、教学监控和反思、教学管理，到教学评价和评估的完整过程，当然包括学生的学习记录、学习方式、自评手段、在线参与和交流、小组协作等监控管理模块，能够随时对教学双方活动进行记录和检测。各个学校应该评选优秀的教学软件，制定相关制度鼓励教师更加有效地利用信息技术，使用网络资源、多媒体课件及其他教学资源。英语教师不仅要从课程结构上，而且要从宏观理念上理解课程要求，使自身真正成为课程改革的参与者和实施者，凸显英语教师的主体地位。更为重要的是，信息技术与课程理念融合的根本目的在于为教育对象服务，激发学生的想象力和创造力。因此，资源的融合要符合相关的学习理论，如此才能使其真正发挥功效。

# 第三节　信息技术与英语教学融合的问题与策略

毋庸置疑，信息技术与英语教学的融合，将改变传统的教学模式，提高教学效率，为英语教学改革开辟一条新道路。但是，信息技术与英语教学的融合伴随着诸多优势的同时也不免存在一些问题，需要我们分析和改进。

## 一、信息技术与英语教学融合存在的问题与对策

（一）"人灌"变"电灌"

计算机能够存储大量的信息，这是其一大优势，但有些教师唯恐体现不出这一优势，将与教学内容或技能操作相关的所有材料尽数罗列，结果却只是黑板文字或简单教具的翻版，没有现代教育思想的观点和方法，在使用中又受课时的限制，只能加快单位时间传输的信息量，课堂节奏明显加快，导致"电灌"现象，学生无法进行知识由"同化"到"顺化"的构建，这直接影响到学生对所学内容的理解和接受。

对策：遵循教学大纲与教学计划，给学生的知识量应严格体现科学性、适度性，不能随意、无限增加。落实到每一节课或技能训练项目要从教学内容和施教对象出发，控制好教学进度和画面节奏，防止因信息量过大而导致刺激过多、强度过大。增加学生"思考—发现"的空间，鼓励学生思考和创新。

（二）穿"新鞋"走老路

在实际教学过程中，有些教师并没有真正理解信息技术与教学融合的内涵，而仅仅把传统的以"教"为中心的教学模式加上信息技术而已，没有从根本上引发教学内容、教学手段和教学方法的改革，出现了"为了技术而技术，为了融合而融合"的现象。例如，有些教师虽然使用了网络教室和多媒体软件，但所用软件却只是演示型的，课上教师只是一页一页地翻，而且满页都是字，简直是课本教材的翻版，倒不如使用几张投影片。教师也没有组织学生利用网络进行有效的学习活动，网络的优势没有充分体现出来。如果融合只是停留在这种肤浅层次上，就丧失了其应有的价值。

对策：教师作为整个教学活动的组织者、指导者，要抛弃传统的教学理念，用先进的教育思想、教与学的理论，特别是以建构主义理论为指导，构筑起一个新型的以教师为指导、以学生为中心的教学模式。从最有利于创新人才培养的角度考虑，可用以下三种模式：基于多媒体学习工具的"创设情境—自主学习"的意义建构模式，基于数字化学习资源的"问题发现—资源利用"的开放性模式和基于网络学习环境的"主题探究—小组协作"的研究性模式。从而改变传统的以教师为中心的、学生被动地接受知识的教学模式。

（三）师生情感交流的缺失

传统教学注重教师与学生间的交流，课堂上师生进行情感交流、沟通，形成共鸣。但

现在有的教师用信息技术中虚拟世界里的交流，代替师生面对面的情感交流。课堂上教师忙于操作多媒体课件，通过计算机向学生发号施令，与学生进行情感交流的机会很少，甚至把本该富有个性化的评价语也统统输入计算机。例如学生回答很精彩，大屏幕上马上打出"Very good！"字样。

对策：教与学是双向互动的过程，在教学过程中，教师不要只做播放员，要诱发学生的情感活动，使学生积极参与课堂教学的各个环节。教师还要及时关注学生的反应，并积极做出相应的"对答"。评价时，教师可用鼓励的眼神、真诚的话语，使学生受到感染和启示，激发学生求知的欲望。

（四）教学灵活性的缺失

教师在课前精心设计教案并制成课件。上课时，教师将不少精力放在计算机的操作上，不能远离操纵台，教师的目光停留在屏幕上的时间相对多了，与学生的目光交流就少了，未必能像以往那样及时从学生那里获得反馈信息。即便得到反馈信息，也很难像普通教学那样及时更改教学环节。因为课件是预制的，一切都得按程序去做。如果学生的回答与课件不相符时，教师就得千方百计"引导"学生，这样学生的开放性思维就得不到很好的训练。

对策：课前教师尽可能多地考虑学生将会有的提问及作答，并有针对性地对课件进行修改与完善，最好根据学生心理倾向或对上课情况的预测，制作可以随机调整教学环节的课件。

信息技术与英语学科教学的融合是培养素质型和创新型人才的最有效途径，将受到越来越多英语教师的青睐，只要在融合过程中注意妥善处理好这些问题，就能有效提高课堂教学效率和教学质量。

## 二、信息技术与英语教学融合策略

（一）制约教学运转、促进个体发展

"制约"是保持生态系统稳定的手段，"促进"是英语课堂教学优化的目标。在教育生态学视角下，英语课堂教学各要素都有其特定功能，并且各要素同时运转在各自生存的时空位置上，在各自的生态位上发挥着独特的角色作用。然而，各个要素在发挥功能时必须"遵守规则"，不能越位发挥。利用信息技术进行课程内容建设应遵循的原则之一就是坚持信息技术应用为主线的原则。应大量使用先进的信息技术，开发和建设各种基于计算机和网络的课程，为学生提供良好的语言学习环境和条件。然而，许多教师忽视了网络环境下的英语课堂教学中，信息技术的应用是以提高英语教学效果为目标，于是在教学上出现了各种信息技术的误用现象，包括低值使用、过度使用、滥用信息技术等。甚至把英语课堂教学使用网络技术手段进行量化对比，在教学评估中作为重要依据，教师患上了"PPT依赖症"等。这样的误用不能提高教学效果，更不能促进个体发展。所以，有效地促进个体发展的前提是各教学要素要在合适的生态位上发挥功能，角色功能的发挥要有制约机制，在"规则"允许的轨道内与其他要素相互作用、相互依存、相互转换，充分发挥作用。

"制约"是为了更好地"促进"，而"促进"又是合理、有效"制约"的必然结果，二者相互作用，使英语教学在和谐的环境中自然地发展。信息技术与课程融合还要采取适用性原则。英语信息资源的应用并不意味着抛弃所有的非信息资源，而是要立足校本原则，以学生为中心，根据实际的教学方式，采用合理的教学方法，恰当地采用现代教育信息技术和传统教学手段，以最佳方式组织教学。

促进个体发展的另外一个含义是指个别化教学原则。网络环境下英语课堂教学的优点之一就是为教师的因材施教创造了有利的条件。不同基础的学生可以根据自己的接受能力选择不同的学习材料和学习方法，学优生有丰富的学习资源和材料，学困生也能找到适合自己的学习内容。在网络环境下，教师可以为不同的学生量身定做学习目标、学习计划。校园英语网络平台向学生开放一个资源广阔、没有时空限制的自主学习课堂，学生用自己的步调和方法来进行自主学习，发挥了每个学生自身独特的学习风格，因材施教的个性化教学原则得以实现。

（二）主导式自主学习

让英语课堂生态系统重新走向平衡就是要促使教学要素找到其合适的生态位，特别是学生和教师这两个重要的生态因子，确定他们的生态位对于课堂教学结构的稳定具有决定性作用。学生是生物链上最活跃的生态因子，应该鼓励学生在海量信息中建构自己的知识框架，从被动的知识接受者变成主动的知识构建者。处于生物链上另一个重要因子是英语教师，教师的主导作用在角色转变过程中不能减弱，在立体化互动教学过程中保持师生生态位稳定，同时又不失灵活。主导式自主学习符合生态系统各要素相互制约、相互转换的生态辩证关系。

"主导式自主学习"是一种累积性并有目标指向性的学习模式。它强调学生的自主学习需要总体教学目标的宏观调控以及教师的科学指导，是国家教育政策、教师的指导干预和学生的自主性三方面的有机结合。从生态学的角度看，它符合兼容教学要素，促进良性循环的原则。首先，这里的主导是指教师为学生创设一种自主学习环境，指导学生通过自主学习建构对周围世界的认识，包括课堂教学启发式的讲解与传授，引导学生自主思考与探究，在语言输出与实践中与学生进行协商互动等。教师主导的前提是学生主动认知和自我发展，自我建构知识。其次，这里的学生自主是相对于依赖教师指导而言的，非完全的自主学习，它不是自由学习。学生正确的学习观、明确的学习目的、有效的学习方法和学习策略以及较强的认知能力共同构成了自主学习的内在机制。它强调目标引导下的自我调控，主动参与和自我实现，其能力体现在自我计划、监控和评估上。研究表明，自主学习的有效性在于教师指导与学生自主两者的有机结合和良性互动。在英语教学生态系统中，教学是一个动态过程。在此过程中，学生要对所学的英语知识进行分析、归纳、总结和演绎，认知过程始终处于平衡与不平衡，以及再平衡的动态进化与更新之中。没有教师这个重要生态因子的适时监控与指导，学生仅凭自己的努力无法成为高效的、具有可持续发展能力的知识建构者。同时，从生态学的生物多样性角度分析，作为认知主体，每个学生都拥有自己不同的生态位，拥有各自不同的认知能力、语言需求以及参差不齐的知识水平等个体差异，面临海量的网络资源时，他们需要教师有计划、有目的、有针对性地在心理、方法和知识层面上给予引导，在明确学习目标、制定学习计划、改进学习策略等方面给予帮助。主导式自主学习道路能够让教师和学生找到自己的生态位，使课堂教学系统具备良性循环的趋势。

（三）多元互动教学

多元互动教学是指网络环境下英语课堂教学中的师—生、生—生和人—机之间多方位、多层次互动教学机制。多元互动原则强调信息处理过程中的双向性和多向性，注重语言输入和输出的协同作用。建构主义理论强调语言学习的自我构建和融合过程，网络环境和学生的认知驱动力是这个过程中的必要条件，语言作为一个技能体系，实践性和互动性是语言教学不可缺省的重要特征，互动是学好外语的关键。交流促进学习者与学习伙伴共同建构话语，促进语言输入，只有当学习者的内部机制与语言环境交互时，学习才会成为可能。互动可以增加学习者的语言储存量，因为在互动中，在选择性注意和语言输出的联动作用下，学习者最容易获得可理解性输入，更容易注意到新的语言现象以及自己中介语体系的不足之处，有更多的机会修正自己的输出。网络环境下的英语课堂教学站在以互联网为中枢、校园网为依托的教学平台上，具有虚拟社会化、教学交际化特征，为多元互动教学创造了优势条件。师生在开放、虚拟、仿真的网络化英语课堂中，以各种互动交流方式和手段（包括小组互动、聊天室、在线会议、BBS、E-mail 等各种互动形式），培养学生的语言交际功能。教学实践表明语言教学的互动性是培养兴趣、发展个性、融合知识、提高意义建构效率的有效手段。网络环境下，英语课堂多元互动教学是课堂教学优化的必然趋势。

在英语课堂教学环境中，各教学要素与环境构成了自然、开放的生态整体。各种教学要素要在这个整体中生存，需要相互间存在竞争、依存的关系，并形成健康有序的状态。因此，要想优化英语课堂教学，解决教学上的失调现象，就必须以教育生态学的视角重新审视课堂教学环境，使之能协调系统内各要素的生态位并形成新的稳定系统，从而实现网络环境下英语课堂教学的优化。

# 第四节  信息技术下高校英语教学模式的创新

## 一、教学模式的建构

从素质教育观出发，教学的目标就是培养学生的能力和发展学生的个性；教学的本质是教学生"学"，学习的本质是学会学习；课堂教学是实施素质教育的主阵地，是师生双向活动沟通得以形成"回路"的主渠道。因此，课堂教学活动的基本任务就是挖掘学生的学习潜能——不仅仅着眼于当前知识的掌握和技能的训练，更要注重学生的能力开发和未来发展。楼房的建造，必须依靠墙体或柱子的支撑；课堂教学流程的构建，也必须依赖有力的"支点"支撑。

## 二、多媒体支架式教学模式

（一）理论基础和模式特点

1. 理论基础

在个体智力活动中，自身具有的能力可能不足以解决存在的问题，通过教学，个体在教师帮助下能够将能力提升到可以解决问题的程度，这就是最近发展区理论。也就是说，最近发展区可以定义为：个体独立解决问题时的实际发展水平（第一个发展水平）和在教师的帮助下解决问题时的潜在发展水平（第二个发展水平）之间的距离。可见，教学决定了个体的第一个发展水平与第二个发展水平之间的状态，教学可以创造最近发展区。

建构主义认为世界是客观存在的，但是对世界的认识，个人与个人都是不一样的，这是主观的。人根据自身积累的经验进行知识的建构，由于不同的个体积累的经验与对经验的信念存在差异，所以个体在理解外部世界的时候也会存在差异。在建构主义者看来，知识的建构更应该在原有的经验、心理结构和信念的基础上进行，并且将学习的主动性、情境性与社会性作为重点强调，把学习分成初级学习与高级学习，注重自上而下的教学设计及知识结构的网络化，倡导改变教学脱离实际情况的情境性教学。

2. 模式特点

多媒体支架式教学模式将多媒体技术与英语课堂教学有机整合，创设语言情境，充分发挥教师的主导作用和学生的主体作用，将学生学习英语的主动性、社会性、情境性和创造性融为一体，促进学生的生理、心理与智力和谐发展，使其兴趣、情感和意志得以激励。多媒体技术使学生能够通过多种感官获取知识，促使学生由形象思维向抽象思维转化，不停地把学生的智力从一个水平提升到另一个新的更高水平。

（二）实践分析研究

1. 搭建支架

在教学开始之前，教师要为学生提供课上要用到的资料，并且对学生解释这些资料的用途，让学生自己对材料进行理解，这就是所谓的搭建支架。搭建支架的过程中，教师先要为学生播放视频，学生在看完视频之后要说出自己的想法。教师构建支架的方式为播放视频，一方面可以生动形象地向学生传递课堂主题，另一方面能够让学生对这个主题产生学习的兴趣。教师能够通过多媒体支架式教学模式让课堂变得生动而活跃。

2. 进入情境

这一环节就是教师带领学生进入问题情境之中，布置任务，让学生说出自己的观点。

学生看完全部的录像之后,教师向学生提出问题并对学生的回答进行总结。教师在总结时采用多媒体支架的形式,比直接告诉学生答案更能让学生主动接受。这一环节完成之后,学生还可以在课下继续阅读,寻找答案。

3. 独立探索

这一步骤指的是学生立足于集体思维成果进行独立思考,产生自己的想法。教师在这个环节可以在多媒体的辅助下向学生提出问题,且问题要一步一步地深入,让学生一边回答问题,一边独立挖掘文章更深层次的主题。教师要通过多媒体向学生提出问题,然后学生讨论得出自己的答案,之后教师给出答案。这种做法不仅可以让学生对答案记忆更深刻,还能够起到语言的示范作用。把上述问题的所有答案组合起来就会得出新的文章主题。所以,多媒体支架在引导学生独立探索文章主题上起到了重要的辅助作用。

4. 协作学习和效果评价

学生和学生、学生和教师协商讨论,共享尝试探索过程中的成就,共同解决问题就是协作学习。而效果评价则指客观性测试、个人的自我评价与集体对个人的学习评价。完成文章的主题讨论之后,教师按照文章的主题又提出了新的问题供学生讨论。在此过程中,学生发掘自身潜力,教师不干涉学生的学习。通过多媒体,学生还可以在观点的把握、理解和探索上更加深入。在展示之后,教师和学生可以共同给出评价。

多媒体支架包括图标、图片、视频等各种方式,学生通过这些方式在掌握概念、理解信息时就更加容易了。多媒体支架式教学引导学生自己形成思考并应用知识,对于较难理解的知识和新信息的挑战,多媒体支架的辅助恰好可以帮助学生更直观有效地理解所学知识点。

## 三、微课教学模式在高校英语教学中的应用

（一）微课应用在高校英语教学中的优势

1. 不受时间限制,随时随地是课堂

众所周知,课堂教学的传统模式就是上课的时间是规定好的,上课的地点也是固定的,所以使用这种教学模式就会对学生完成教学任务、吸收知识与课后的评价产生制约。运用微课正好能缓解这些制约。当前科技快速发展,网络也遍布全球,学生在任何时间和空间都能应用网络,几乎人人都有手机,为学生随时观看微课提供了现实条件。学生可以随时随地完成课前预习、课后复习、背景了解、知识巩固等各种学习内容。学生在通过微课进行学习的过程中也能提升自主学习能力。

2. 短小精悍,针对性强

微课就是未来教师为了向学生传递知识点与概念制作的短视频,每段视频大概为1~3分钟。当前社会是信息化社会,大量的信息需要人们去接收,也有更多的事情等着人们去做,学生在课下不可能花费大量的时间去观看学习视频。每段微课视频的时间都很短,针

对的是一个知识点，并将这个知识点中所有的重点内容都呈现于视频之中，不必花费学生太多的时间，也更容易让学生清楚明白，使学生在进行课堂学习时拥有更高的学习效率。

3. 类型多样，顺应不同教学需求

微课操作起来相当灵活方便，按照教学需要能够开展各种各样的微课形式。微课可以根据教学内容性质、教学方法、使用对象和主要功能、最佳传递方式、微视频的主要录制方法等分成几种不同的类型。举例来说，根据教学方法的不同，可以将微课分成讨论类、实验类、探究学习类、问题类、练习类等；根据最佳传递方式的不同，可以将微课分为活动型、解题型、讲授型等；根据录制方法的不同，可以将微课分为录屏型、摄制型、混合式等。教师必须在教学需求的基础上设计微课课程，微课虽然短小，却凝结了教师的教学理念和设计思路。

（二）微课在高校英语教学中的应用

如何在高校英语教学中更好地应用这一新的教学模式，是我们正在探索和实践的内容。微课的应用模式包括以下几种。

1. 微课的课前预习应用

学生的课前预习是相当重要的，若是他们没有好好进行课前预习，课堂或许就不能顺利进行，最后达不到预期效果。学生不提前预习就不能大体上了解课文内容，反而要在课堂上花费时间，然而课堂上时间是固定的，若是教师在导入主题的时候花费太多时间，那么课程重点与难点的教学就不能在课堂上完成，学生也不可能在课堂上进行参与及互动，只剩下教师一个人在讲台上讲，那么教学模式又回到了传统型。如果学生在预习时观看微课视频，教师在进行课程导入时就会轻松许多，学生也能够对课文有一个整体的把握，也可以很好地适应教师的授课方式。因此，教师要提前上传微课视频，给学生布置学习任务，学生以个人的形式或者小组合作的形式进行预习。在备课时，教师可以根据自己的教学设计进行微课的录制，可以将学生思考的问题以及要学生讨论的问题呈现于微课中，这样就可以很好地辅助课堂教学了。

2. 微课的课上授课应用

若是教师一直在课堂上讲，学生就会感到乏味无趣，时间一长就会导致注意力的转移。所以教师根据教学内容在合适的时候播放微课视频不仅能够节省课上的时间，还可以让学生保持注意力的集中，让课堂的效率更高，学生也会对课程内容产生更深刻的记忆，而且有更多的时间去消化和吸收课堂上传递的知识。当前，一大批高校的英语教师都尝试了使用基于微课的翻转课堂教学模式。学生应教师的要求观看与课堂内容相关的微课视频，教师可以在课堂上通过翻转的形式实施教学。在这种情况下，学生成了课堂的主角，参与到学习活动之中，实现了其课堂中的主体地位。

3. 微课的课后巩固应用

一节课结束后，对于当堂课内容做出及时的总结和检测是非常重要的。通过微课的形式让学生在课下及时进行回顾和反思，可以确保学生真正掌握知识内容，达到事半功倍的效果。

（三）微课在高校英语教学应用中的注意事项

1. 目标明确，主题分明

一次微课解决多个问题就容易使目标不清晰、定位不准确，最后导致主题不明确，不能达到微课应用的效果。目标过多，容易使微课变成压缩了的课堂教学，使微课流于形式，失去其真正的意义。因此，在高校英语教学中引入微课教学的教师一定要注意这一点，它是决定微课使用成败与否的关键。

2. 把握时间，不宜过长

很多英语教师没有真正弄懂什么是微课，往往在进行微课设计时，内容繁杂，时间过长。进行微课教学时应该把握好时间，一般在 1～3 分钟之内，也可以延长至 5 分钟，时间过长，会影响学生观看学习的效果。

3. 结合教师教学，给学生启发与思考

虽然"微"是微课的核心内容，但是教师设计制作微课时也要花费不少的时间与精力。每一段微课视频都包含着教师的教学理念，教师不仅要对其进行整体的设计，还要以任务驱动、问题向导、反馈互动为基本原则，使学生在学完微课之后能够获得知识。微课在应用上较为灵活，教师可以通过微课进行教学辅助，学生可以通过微课提高自主学习的能力，好的微课会使学生的生活与学习都得到帮助。

微课产生并应用于高校英语教学之中，使高校英语教师在完成教学任务方面更加轻松，而且对学生扩展知识面、提高学习兴趣也有一定的帮助。但微课的应用同时对高校英语教师提出了更高的要求，教师在设计制作微课时要全面考虑、反复修改，使微课和课堂教学能够很好地融合。因此教师要充分了解微课的概念和特点，分析高校英语教学亟待解决的问题，利用微课拓展高校英语课程的教学思路和方法。

# 参考文献

[1] 郭慧莹. 应用语言学理论视阈下高校英语教学实践研究 [M]. 北京：冶金工业出版社，2019.12.

[2] 蔡基刚. 由通用英语向学术英语教学范式转移研究 [M]. 上海：上海交通大学出版社，2019.09.

[3] 鲁巧巧. 跨文化教育视域下的英语教学改革探究 [M]. 沈阳：辽宁大学出版社，2019.05.

[4] 邓金娥. "互联网+"背景下商务英语教学研究 [M]. 长春：吉林文史出版社，2019.05.

[5] 魏雪超. 文化融合思维与英语教学研究 [M]. 北京：中国商务出版社，2019.04.

[6] 张健坤. 跨文化交际英语教学与研究 [M]. 北京：冶金工业出版社，2019.10.

[7] 王亚敏，潘立鹏，李杏妹. 新时代高校英语课堂与生态教育融合路径研究 [M]. 太原：山西经济出版社，2020.09.

[8] 赵丽. 互联网背景下高校英语教育的创新发展 [M]. 长春：吉林人民出版社，2020.12.

[9] 丁小航. 高校英语阅读理论研究与教学模式新论 [M]. 长春：吉林出版集团股份有限公司，2020.08.

[10] 王文倩. 高校英语教师教学信念的构成与职业发展 [M]. 北京：新华出版社，2020.09.

[11] 王峥，王佩. 高校英语教育模式创新研究 [M]. 北京：北京工业大学出版社，2019.10.

[12] 韩俊秀，吴英华，贾世娇. 任务型学习法与高校英语教学 [M]. 广州：广东旅游出版社，2019.01.

[13] 王磊. 高校英语教学转型发展研究 [M]. 长春：吉林人民出版社，2019.08.

[14] 杨洋，倪兆学，徐岩. 英语课堂设计与微课教学模式 [M]. 长春：吉林人民出版社，2019.07.

[15] 于明波. 当代高校英语教学与混合式学习模式探究 [M]. 北京：中国纺织出版社，2019.12.

[16] 杨鹏，骆铮. 基于教育转型发展视阈下高校商务英语教学的创新研究 [M]. 长春：吉林人民出版社，2019.12.

[17] 张君. 高校英语的慕课教学模式研究 [M]. 西安：西安交通大学出版社，2019.09.

[18] 王磊. "互联网＋"背景下高校英语有效教学研究 [M]. 长春：吉林人民出版社，2019.07.

[19] 何冰，汪涛. 翻转课堂与英语教学 [M]. 长春：吉林人民出版社，2019.09.

[20] 张磊. 高校商务英语人才培养研究 [M]. 北京：现代出版社，2019.07.

[21] 魏琴. 信息化背景下大学英语教学研究 [M]. 长春：吉林人民出版社，2020.10.

[22] 王娟. 高校跨文化教育及教学模式研究 [M]. 哈尔滨：哈尔滨出版社，2020.08.

[23] 沈冰. 现代英语教学模式创新研究 [M]. 武汉：湖北科学技术出版社，2020.06.

[24] 潘百齐，魏少华，祝爱武. 研究生复合型人才培养研究 [M]. 南京：南京大学出版社，2018.09.

[25] 孙进. 高职复合型人才协同培养的创新与实践 [M]. 北京：中国建筑工业出版社，2018.09.

[26] 李锦，刘琼，张亨娥. 国际化复合实用型外语人才培养模式研究 [M]. 长春：吉林人民出版社，2018.11.

[27] 陈军，乐颖，褚雪冬. "互联网＋"复合型人才培养探索 [M]. 上海：上海交通大学出版社，2018.11.